파리대왕

Lord of the Flies

윌리엄 골딩

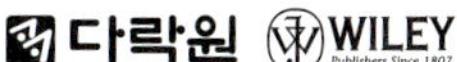

다락원 WILEY Publishers Since 1807

세계의 교양을 읽는다

고전을 왜 읽는가?

인간의 삶과 세상에 대한 영원한 물음이 있기 때문이다. 시대와 사상을 뛰어넘어 지금 여기 우리에게 필요한 물음이 없는 고전은 더이상 고전이 아니다. 인간과 삶에 대한 근원적인 물음 없이 고전을 읽는다면 자신과 인간에 대한 성찰과 지혜로 이어지지 않는다. 논술 시험 때문에, 과제물 때문에, 아니면 남들이 읽으니까, 나도 읽는다는 식이라면 그 책은 죽은 책일 수밖에 없다.

고전을 살아 있는 책으로 만드는 이 '물음!'에 답하기 위해서는 좋은 길잡이가 필요하다. 40년 이상 미국의 고교생과 대학 주니어들이 시험, 에세이 작성, 심층토론 준비를 위해 바이블처럼 애용해온 'CliffsNotes'와 'SPARKNOTES'는 바로 그런 좋은 길잡이의 표본이다. 이 두 시리즈가 원조 논술연구모임인 '일이관지(一以貫之)' 팀의 촌철살인적 해설을 곁들여 〈다락원 명작노트〉로 재탄생해 논술로 고민중인 대한민국 학생 여러분을 찾아간다.

CliffsNotes와 SPARKNOTES의 가장 큰 장점은 방대하고 난해한 고전을 Chapter별로 요약하고 분석해서 원전의 내용에 보다 쉽고 체계적으로 접근하는 신속·간편성이라고 할 수 있다. 여기에 '一以貫之'팀이 원전의 중요한 문제의식, 즉 근원적 '물음'은 무엇이며, 그 '물음'은 오늘날에도 여전히 유효한가, 라는 질문을 다시 던진다.

대입논술로 고민하고, 자칭 타칭의 고전이 넘쳐나는 오늘의 독서풍토에서 지적 정복이 긴박한 대한민국 학생들에게 감히 이 시리즈를 자신 있게 권한다.

一以貫之 논술연구모임 연구실장 이호곤

차례

CliffsNotes와 SPARKNOTES는 방대한 원작을 보다 쉽게 이해할 수 있도록 돕는 안내서입니다. 원작 이해를 돕기 위해 작가와 작품에 대한 배경지식, 그리고 매 장마다 간단한 '줄거리'와 '풀어보기'가 실려 있습니다. '줄거리'를 통해서는 원작의 내용을 명쾌하게 파악함으로써 독서의 즐거움을 느낄 수 있을 것입니다. '풀어보기'에는 원작에 담긴 문학적 경향, 등장인물의 심리상태, 시대상, 주제 등을 설명해 놓았습니다. 비판적 글읽기의 바탕이 되는 요소들이죠. 비판적 글읽기는 소설과 비소설 작품을 막론하고 책을 읽을 때 꼭 필요한 자질입니다.

그 밖에도 작품을 좀더 심오하게 분석할 수 있도록 '마무리 노트', 'Review' 등을 마련해 놓아 독자 여러분의 글읽기를 돕고 있습니다.

CliffsNotes에는 특히 관심을 갖고 읽어야 할 필수요소를 강조하기 위해 다음 네 가지 아이콘을 사용하고 있습니다.

작품 속에 내재된 주제를 드러내줍니다.

등장인물의 속내를 알 수 있도록 도와줍니다.

배경, 분위기, 열정, 폭력, 풍자, 상징, 비극, 암시, 불가사의 등의 요소를 밝혀줍니다.

단어와 문구의 미묘한 느낌을 감상할 수 있도록 해줍니다.

*〈 〉는 장편소설, 중편소설, 논픽션, 시집. "   "는 수필집, 단편소설

❍ 일이관지(一以貫之) 논술노트

권말에는 一以貫之 논술팀에서 작성한 논술 노트가 실려 있습니다. 원작을 우리의 삶과 연계시켜 비판적 사고와 논리적 글쓰기의 방향을 제시합니다.

❍ 실전 연습문제

논술예제와 기출문제를 통해서는 원작을 바탕으로 출제 가능성이 높은 논점을 함께 숙고해 봅니다.

작가노트

　　윌리엄 제럴드 골딩 William Gerald Golding은 1911년에 잉글랜드의 콘월에서 태어났다. 어머니 밀드래드는 영국 여성의 참정권 운동에 깊이 관여했고, 교사였던 아버지 앨릭은 이성주의를 열렬히 주창하는 인물이었다. 이성주의란 이 세상을 이해하는 데 필요한 것은 경험이 아니라 지식 습득과 이성이라고 믿는 사고방식이다. 앨릭이 이러한 비종교적인 이성주의를 신봉했던 것은 T. H. 헉슬리*와 H. G. 웰스**의 같은 과학적 이상주의자들의 영향을 받았기 때문이었다. 이들의 견해에 따르면, 골딩이 어렸을 때 가졌던 어둠에 대한 공포 같은 감정적 경험은 믿을 수 없는 것이었다. 대학에 들어가기 전까지 골딩은 아버지가 가르치는 학교에 다녔다. 따라서 아버지의 이성주의에 엄청난 영향을 받았다고 할 수 있다.

● 학업

　　골딩은 1930년에 옥스퍼드의 브레이스노즈 칼리지에 들어가, 아버지의 뜻에 따라 2년 동안 과학을 공부했다. 그러나 3학년이 되자 정말로 하고 싶었던 문학으로 전공을 바꿨다.

---

* **T. H. 헉슬리**(Thomas Henry Huxley. 1825-95): 영국의 생물학자. 진화론을 옹호한 것으로 유명하다.

** **H. G. 웰스**(Herbert George Wells. 1866-1946): 영국의 공상과학 소설가 겸 역사학자. 대표작 〈타임머신〉, 〈투명인간〉 등.

결국 소설을 매개체로 문학 세계를 구축했지만, 일곱 살 때부터 테니슨[*]의 시를 읽기 시작했고, 셰익스피어의 작품을 탐독했던 그는 어렸을 때는 시를 쓰려고 했다. 옥스퍼드 재학중에는 시집을 한 권 출간하기도 했다. 나중에 유치한 시라고 스스로 평가절하했지만, 자신의 성장 배경이 된 이성주의와 저명한 이성주의자들을 조롱한 이 시집을 보면, 점차 이성주의를 불신하게 되었음을 알 수 있다. 1935년에 골딩은 문학사 학위와 교사 자격증을 받고 옥스퍼드를 졸업했다.

●직업

1935-39년에 골딩은 런던의 조그만 극장에서 극작가 겸 배우 겸 연출가로 일했다. 돈은 사회복지사로 일하며 벌었다. 그는 자신의 문학에 영향을 준 사람들은 소설가가 아니라 그리스의 비극 작가와 셰익스피어 등 극작가라고 말한 바 있다.

1939년에는 샐리스베리에 있는 비숍 워즈워스 학교에서 영어와 철학을 가르치기 시작했다. 그 해에 앤 브룩필드와 결혼해 두 자녀를 두었다. 제2차 세계대전 동안 5년간 영국 해군에서 복무한 것을 제외하면 계속 학생들을 가르쳤으며, 창작에만 전념하기 위해 1961년에 학교를 그만두었다.

골딩은 1993년에 콘월에서 세상을 떠났다.

---

* **테니슨**(Alfred Tennyson. 1809-92): 영국 빅토리아 시대의 대표 시인. 대표작 〈인 메모리엄〉.

　　1940년부터 5년간의 해군 복무는 골딩에게 엄청난 영향을 미쳤다. 인간이 얼마나 잔인하고 야만적인 동물로 변할 수 있는지 알게 되었기 때문이다. 후에 골딩은 전쟁 경험을 이야기하면서, "벌이 꿀을 만들듯 인간은 악을 만들어낸다"고 단언했는데, 이미 대학시절에 인간은 완벽해질 수 있다는 이성주의에 대한 신념을 포기한 바 있었다. 골딩의 소설에는 여러 기법이 등장하지만, 내용은 문명으로 대표되는 이성과 인간에 내재하는 악과의 갈등 문제로 돌아오는 경우가 많다.

　　〈파리대왕 *Lord of the Flies*〉(1954)은 인간성에 대한 통찰력과 교사 경험이 결합되어 탄생한 소설이다. 이 작품은 21개 출판사에서 퇴짜를 받은 후에 겨우 빛을 보았다. 인간성에 내재된 야만성과 문명의 이중성을 나타내는 장소로 골딩이 선택한 곳은 열대의 고립된 섬이다. 이곳에 표류한 영국 남학생들은 가장 비열한 야만성을 마음껏 내뿜는다. 문명사회의 규율에 따르고자 하는 학생들은 내면의 공격성을 그대로 표출하는 아이들에게 박해를 받는데, 이는 골딩의 아버지가 주창했던 이성주의가 실패했음을 보여주는 것이다.

　　골딩은 곧이어 〈계승자들 *The Inheritors*〉(1955)을 펴냈다. 이 소설은 폭력적이고, 속임수가 능한 호모 사피엔스[*]가

---

[*] **호모사피엔스**(Homo Sapiens) : 현재의 인간을 지칭하는 학명.

어떻게 보다 부드러웠던 네안데르탈인*을 정복했는지 보여준다. 이 작품은 독자들에게는 가장 난해했지만, 골딩은 가장 좋아했다.

다음해인 1956년에는 〈핀처 마틴 *Pincher Martin*〉이 세상에 나왔는데, 〈파리대왕〉처럼 고립된 환경에 떨어진 자가 생존을 위해 분투하는 이야기다. 주인공 크리스토퍼 마틴 해군 대위는 제2차 세계대전의 전투중 배에서 떨어지지만 암초를 발견하고 그것에 매달린다. 소설의 나머지는 여기서 살아남으려고 발버둥치는 기록인 셈이다.

골딩은 〈핀처 마틴〉에서 사용한 회상 기법을 〈끝없는 추락 *Free Fall*〉(1959)에서는 보다 광범위하게 이용한다. 먼저 나온 세 소설과는 달리 〈끝없는 추락〉은 새뮤얼 마운트조이라는 예술가가 1인칭으로 서술하는 형식을 취하고 있는데, 단테**의 〈신생 *La Vita Nuova*〉을 모형으로 한 작품이다. 골딩은 마운트조이라는 주인공을 내세워 이성주의와 종교적 신념 사이의 갈등에 대해 논평하고 있다.

종교적 신념에 관한 문제는 〈첨탑 *The Spire*〉(1956)에서도 다루고 있다. 14세기 때 바체스터 대성당의 주임 신부는 성당 꼭대기에 4백 피트 높이의 첨탑을 올려 신에게 바치기

로 결심한다. 그러나 건물의 기초는 그 첨탑을 지탱할 수 없다. 이 소설은 이 첨탑을 쌓느라 희생된 사람들과 너무 늦게 교훈을 깨달은 주임 신부의 이야기다.

〈피라미드 *The Pyramid*〉(1967)는 스틸본이란 마을을 배경으로 영국 사회의 계급을 조명하고 있다. 주로 음악에 관련된 문제를 다루고 있는데, 구성도 소나타의 형식을 취한다.

다음 작품은 〈전갈신, 세 편의 중편집 *The Scorpion God: Three Short Novels*〉(1971)이다. 세 편의 이야기는 모두 기술 발전에 따르는 부정적인 면을 다루고 있다. 이것은 당시에 우주 시대의 개막을 맞아 기술을 숭배하던 풍조와 극명한 대조를 이룬다. 이 가운데 한 편은 원래 1956년에 발표되었던 것으로, 나중에 〈놋쇠 나비 *The Brass Butterfly*〉라는 희곡으로 개작했다. 이 작품은 1958년에 런던의 무대에 올려졌다.

〈투명한 암흑 *Darkness Visible*〉은 1979년에 출간되었다. 이 작품은 선과 악의 상호의존성을 다룬 것으로, 아이를 납치해 몸값을 노리는 소피와 이것을 막으려 자기 목숨을 희생하는 매티를 등장시켜 이야기를 풀어간다.

1984년에는 〈종이 인간 *The Paper Men*〉을 발표했다. 비평가들은 이 소설을 골딩의 작품 중에서 최악이라고 혹평했는데, 자신들을 매도했다고 생각했기 때문이다. 이 작품은 늙은 소설가가 자신의 평전을 쓰려고 하는 젊은 학자를 피해 다니는 이야기다.

장편 소설 세 편으로 구성된 〈바다 3부작 *The Sea Trilogy*〉은 가장 야심작에 속한다고 할 수 있는 것으로, 에드먼드 톨벗이란 귀족 출신 젊은이가 1812년에 호주로 항해하면서 겪게 되는 도덕적 성장 과정을 다루고 있다.

●기타 작품

골딩은 소설뿐만 아니라 수필집도 펴냈다. 이것들은 주로 희화적인 성격을 띠며, 소설에서 다룬 주제들을 확장하거나 설명하고 있다. "뜨거운 문들 및 기타 특별한 작품들 The Hot Gates and Other Occasional Pieces"은 1966년에, "움직이는 표적 A Moving Target"은 1982년에, "이집트 기행 An Egyptian Journal"은 1985년에 출간되었다.

●훈공과 수상

〈파리대왕〉이 줄간된 후인 1955년에 골딩은 왕립문학협회 회원이 되었다. 그로부터 10년 후에는 대영제국 훈작, 1988년에는 기사 작위를 받았다. 1980년에 발표된 〈성인의식 *Rites of Passage*〉으로 영국의 권위 있는 문학상인 부커 상을, 1983년에는 노벨문학상을 받았다.

작품 노트

작품의 개요

다른 작가들과 마찬가지로 골딩도 자신이 살아온 시대의 사회, 종교, 문화, 군사적 배경과 분위기를 작품의 무대로 삼았다. 〈파리대왕〉은 그가 잘 알고 있고, 몸담았던 세계를 우화적으로 표현한 소우주에 해당된다. 이 작품의 배경인 섬과 사내아이들을 비롯해 여러 사물과 사건은 세계와 인간을 바라보는 골딩의 관점과 영국 문화의 특징 및 가치관을 나타낸다.

● 문화와 인간의 본성

작가는 개인적인 경험에 의해 형성되는 것이고, 작품도 마찬가지다. 골딩은 옥스퍼드 대학교에서 문학을 공부하기 전에 2년 동안 과학도로 지냈다. 그가 과학을 포기한 것은 아버지의 영향에 의해 형성된 과학적 이성주의를 배척하는 첫 단계에 해당되는 셈이다. 제2차 세계대전이 발발하자 해군에 입대한 골딩은 노르망디 상륙작전[*]에 참가했고, 제대 후에는 15년 동안 교사로 재직하며 그리스 고전에 몰두했다. 골딩은 그리스 고전이 자신의 작품에 커다란 영향을 미쳤다고 생각하는데, 이 말에 수긍하는 학자들이 많다.

이런 개인적인 경험이 집약된 〈파리대왕〉은 세 가지 주

---

[*] **노르망디 상륙작전**: 노르망디는 영국 해협에 면한 프랑스 북서부 지방. 1944년에 연합군이 이 지역에 상륙함으로써 승전의 교두보가 마련되었다.

제를 전달한다. 첫째는, 정부, 의회, 사법 제도를 통해 사회적·
정치적 질서를 추구하려는 인간의 욕구다. 이것은 소설 속에
서 대석(臺石)과 소라가 상징적으로 나타내고 있다. 둘째는,
모든 국가의 군대 보유 욕구에서 드러나는, 악과 폭력으로 기
우는 인간의 본성이다. 이것은 성가대 소년들이 사냥꾼으로
변하고 결국은 살인자가 되는 것과 무인도 너머에서 벌어지고
있는 세계대전이 상징적으로 표현한다. 셋째는, 인간의 운명
에 초자연적인 힘이나 신이 개입하고 있다는 신념이다. 이것
은 '괴물'을 달래려고 춤을 추고 제물을 바치는 의식이 상징적
으로 나타내고 있다.

점점 더 사악하고 공격적인 성향을 드러내는 소년들과
자제력과 예의를 갖춘 문명화된 소년들을 대비하며 이야기를
전개하는 과정에서 잭 같은 아이들은 더욱더 사악한 인간의
본성에 탐닉하게 되며, 랠프 같은 아이들은 순간적으로 자신
안에 있는 사악한 본성을 깨닫게 된다. 이러한 자각이야말로
인류를 구원하는 유일한 희망이다.

● **역사적 배경**

골딩이 〈파리대왕〉을 발표한 것은 1954년이다. 제2차
세계대전이 끝난 지 10년이 채 지나지 않았으며, 한창 전 세

계가 냉전*의 그늘에 떨고 있을 때였다. 나치의 유태인 대학살, 원자폭탄의 가공할 위력, 철의 장막 뒤에서 전 세계를 위협하는 공산주의 세력 등이 유럽인들과 골딩의 의식 한 구석에 항상 자리 잡고 있던 시기였다. 이런 공포와 급속히 발전하는 기술이 결합되어, 소설의 무대인 섬의 배경을 이루고 있다. 예를 들면, 비행기가 추락한 후에 영국인들보다 '빨갱이'들이 먼저 자신들을 발견하게 될까봐 걱정하는 소년들의 의식에는 이 같은 시대적 배경이 큰 몫을 한다.

역사적으로 보면, 사회경제적으로 광범위한 불안이 뒤덮고 있을 때, 일반 대중은 강력한 힘을 과시하며 그들을 보호해 주겠다고 약속하는 지도자에게 의존하는 경향이 있다. 〈파리대왕〉에서는 맛있는 고기를 먹게 해주고, 편안한 독재의 그늘을 만들어주겠다는 잭을 비롯한 사냥대원들이 그 역할을 맡고 있다. 소년들은 독재자 잭의 보호를 받는 대신 자신들이 지닌 도덕관이나 신념을 저버리며, 잭에게 합류하기를 거부하는 소년들을 탄압한다. 제1차 세계대전에서 패배하자 경제적으로 엄청난 고통을 받게 된 독일에 히틀러의 독재가 성립할 수 있는 배경이 만들어진 것과 유사하다.

골딩은 군복무 경험을 토대로 나치가 보여준 인간의 잔

인한 야수성은 특정 집단에만 국한된 것이 아니라고 생각했다. 전 세계가 나치의 유태인 대학살 소식에 치를 떨고 있을 때, 그는 어떤 나라도 그 같은 만행을 저지를 수 있다고 믿었다. 인간은 원래 사악하고 폭력적인 성향이 있는데, 이것이 공포와 결합되면 어떤 잔인한 짓도 마다하지 않는다는 것이다. 미국은 사흘간에 걸쳐 일본에 원자폭탄을 두 발 떨어뜨려 10만 명이 넘는 인명을 희생시켰다. 결국 제2차 세계대전에서는 5,500만 명이 목숨을 잃었다. 그처럼 엄청난 폭력과 인명 손실을 골딩이 놓칠 리가 없었다. 〈파리대왕〉에서는 핵전쟁이 일어나 소년들이 피신을 하게 되며, 바깥세상의 소식에 목말라하는 아이들에게 전해진 것은 하늘에서 떨어진 공수부대원의 시체였다.

●사회학적 · 사상적 관심사

골딩의 운명적인 인간관은 성장 배경이 되었던 이성주의와는 직접적으로 배치되는 것이었다. 아버지는 인간은 노력하면 완벽해질 수 있어서, 공격적이거나 반사회적인 성향도 치유된다는 이성적 낙관론을 갖고 있었다. 그러나 골딩은 인간의 본성은 악과 선이 똑같은 비율로 공존하며, 그것이 영원히 서로 결합되어 있다는, 비관적인 견해를 지니고 있었다.

골딩이 다루는 인간의 사악한 본성은 유대교와 기독교의 원죄라는 개념에 그 뿌리를 두고 있다. 〈파리대왕〉이 처음

출간되자, 비평가들은 별로 주목하지 않았다. 골딩은 당시 문학 사조였던 실존주의와 사회학적 주제를 다루는 작가가 아니라 신학적이고 신비주의에 관심을 가진 43세의 교사로, 선과 악이라는 고전적 주제를 다루고 있었기 때문이다.

교사였던 골딩은 남학생들의 행태와 성향을 직접 체험했고, 이는 매우 귀중한 문학적 소재가 되었다. 남학생들의 실상은 밸런타인*이 저술한 빅토리아 시대의 고전 〈산호초섬 *Coral Island*〉 같은 어린이 모험소설에 그려진 것과는 판이했다. 〈산호초섬〉 같은 작품에는 영국의 기독교 전통 속에서 자란 아이들은 천성이 순진하고 도덕적인 것으로 그려져 있다.

〈산호초섬〉에서는 인간의 야수성은 이교도와 외국인에게 찾아볼 수 있지만, 〈파리대왕〉에서는 영국 소년의 본성에 이런 야수성이 깃들어 있다고 지적한다. 이런 점에서 〈파리대왕〉은 〈산호초섬〉을 진지하게 풍자한 것이라고 볼 수도 있다.

전후 서구 사회는 기술의 발전에 희망과 확신을 가지고 있었다. 골딩은 〈파리대왕〉에서 이 문제도 다루었다. 기술에 대한 확신은 인간 사회는 완벽하게 발전할 수 있다는 이성주의의 한 단면인데, 이것을 역으로 표현하자면, 신비주의를 배척하는 이성주의는 기술숭배주의라고 할 수 있다. 20세기 전반부에 급속도로 발전한 기술에 발맞춰 정신병학도 빠르게 발

---

* **밸런타인**(R. M. Ballantyne, 1825-94): 스코틀랜드의 청소년 소설 작가.

전했다. 따라서 사람들은 언젠가는 인간 감정의 이상, 즉 정신병도 이성의 기술로 설명할 수 있다고 믿었다. 골딩은 그 기술의 영향을 등장인물 피기를 통해 언급하고 있다. 피기는 소년들이 느끼는 공포를 정신병학으로 설명할 수 있으며, 만약 귀신이 존재한다면 텔레비전이나 가로등은 있을 수 없다고 말하며, 귀신이란 것은 존재하지 않는다고 단언한다. 골딩의 소설에서는 귀신의 존재를 입증하지는 않고 있지만, 귀신을 빌어 인간의 본성에 내재된 공포와 악에 대해 우회적으로 말하고 있다.

작가는 그 본질적인 악을 나타내려고 어린이 모험소설을 비극적으로 풍자화했다. 즉 전혀 문명화되지 않은 고립된 곳에서 아무도 돌봐주는 사람이 없는 가운데, 생존하기 위해 몸부림치는 소년들이 절망의 나락으로 떨어지는 과정을 독자들에게 보여주고 있는 것이다.

줄거리

핵전쟁의 와중에 어른은 한 사람도 없는 상태로 일단의 영국 소년들이 열대의 섬에 표류된다. 이 집단은 여섯 살 내외의 '꼬맹이들'과 열 살에서 열두 살 사이의 '큰 애들'로 구분된다. 처음에 이 소년들은 자신들의 성장 배경과 비슷한 문화를 형성하려고 한다. 대장으로 뽑힌 랠프는 이 집단에서 아는 것이 가장 많은 피기의 도움을 받아 숙소와 위생 문제에 관한 규칙을 세우려고 하고, 지나가는 배가 봉홧불을 보고 자신들을 구조해 주기를 바라며 불을 계속 지피는 것을 최우선 순위의 임무로 삼는다. 그러나 대장이 되고 싶은 잭이 랠프에게 도전한다. 잭은 사냥꾼이 된 성가대원들에게 봉홧불을 지키지 말고, 그 시간에 사냥을 하라고 명령한다. 잭은 랠프의 영향권에 있는 소년들을 서서히 자기편으로 끌어들인다. 아이들은 폭력과 악을 상징하는 신나는 사냥에 본능적으로 마음이 끌리기 때문이다.

각각 야수성과 문명을 상징하는 잭과 랠프의 갈등은 섬 주위를 배회하는 괴물에 대한 공포로 인해 더욱 증폭된다. 어느 날 밤, 섬 상공에서 공중전이 벌어지고, 죽은 공수부대원이 낙하산에 매달린 채 섬의 산꼭대기에 떨어진다. 바람이 불면 그 낙하산이 부풀어 올라 매달린 시체가 앉아 있는 것처럼 보이기도 하고, 다시 앞으로 고꾸라지는 것처럼 보이기도 한다. 이 시체를 이상한 괴물로 착각한 소년들은 더욱 겁에 질린다. 잭은 그 공포를 이용해 랠프의 영향권에서 벗어난 집단을 형성하게 되고, 결국 몇 명을 제외하고는 모두 이 집단으로 들어간다. 용맹하고 야만스러운 잭이 자신들을 보호해 줄 것이고, 얼굴에 색을 칠해 위장하고 사냥을 하면서 야만인들이 제사를 지낼 때 추는 춤을 추며 야만인 놀이를 할 수 있다는 점에 끌렸기 때문이다. 결국 잭이 이끄는 집단은 암퇘지를 잡아 막대기에 머리를 꽂고는 괴물에게 제물로 바친다.

이 아이들 중에서 산에 있는 이상한 괴물의 정체를 밝혀낼 용기를 가진 소년은 초능력을 가진 사이먼밖에는 없다. 암퇘지를 죽이고, 그 머리를 괴물에게 제물로 바치는 장면을 보게 된 사이먼은 환각 상태에 빠진다. 그러자 막대기에 꽂힌 암퇘지의 머리는 파리대왕이 되어 이미 사이먼이 어렴풋이 알고 있던 사실을 알려준다. 괴물이란 것은 소년들 각자의 마음속에 숨어 있는 심성이다. 이런 끔찍한 환상을 보고 사이먼은 의식을 잃는다. 그날 밤, 의식을 회복한 사이먼은 산꼭대기로 올라가 이상한 괴물이 죽은 군인의 시체란 사실을 알게 된다. 이 소식을 전하려고 그는 소년들이 광란의 소용돌이 속에서 춤을 추는 곳으로 온다. 소년들은 사이먼을 괴물로 착각하고 때려죽인다.

곧 피기를 포함해서 큰 애들 중 세 명만 랠프의 편에 남는다. 잭 일당이 고기 구울 불을 지피려고 피기의 안경을 훔쳐가자, 랠프 측은 봉홧불을 유지할 수 없게 된다. 랠프 측이 안경을 돌려달라며 잭 일당에게 다가가자 잭 휘하의 사냥부대 아이 하나가 커다란 바위를 굴러 떨어뜨려 피기를 죽이고는 나머지 두 명을 사로잡는다. 이제 랠프는 혼자가 된다.

잭 일당은 랠프를 잡아 죽이려고 인간 사냥을 시작한다. 그들은 랠프가 숨어 있는 곳에서 나오게 하려고 불을 놓는다. 섬 전체가 불길에 휩싸인다. 지나가는 배에서 그 연기를 보고 영국 해군 장교 한 명이 섬에 오른다. 야만인으로 변한 소년들의 손에 최후를 맞게 되었던 랠프는 장교에게 극적으로 구출된다.

등장인물

랩프 *Ralph* 소년들이 선출한 대장이자 소설의 주인공. 가장 영리하지도 힘이 세지도 않지만, 조용하게 사람을 끄는 힘이 있으며, 인상이 좋다. 아이들이 질서를 지키고 문명사회의 규율을 준수하도록 애쓰지만, 잭에게 권위를 빼앗길 뿐만 아니라 생명까지 위태로워진다.

피기 *Piggy* 뚱뚱하고 천식이 있으며 힘이 약해 아이들의 놀림감이 된다. 그러나 불을 지필 수 있는 안경을 꼈고, 머리가 좋다. 랩프에게 충성하지만 잭 패거리에게 죽음을 당한다.

잭 메리듀 *Jack Merridew* 사냥대원이 된 성가대의 우두머리. 성가대원들의 비열한 본성을 이용해 랩프에게 반기를 든다. 사냥과 사냥에서 얻는 고기로 아이들의 환심을 산다.

사이먼 *Simon* 앞일을 내다보는 소년. 밀림 속에서 혼자 지내며, 환각상태에 빠져 환상을 보는 그를 다른 아이들은 이상하게 여긴다. 소년들이 두려워하는 산꼭대기의 괴이한 물체를 조사할 용기를 지닌 유일한 아이. 그러나 자신이 알게 된 것을 이야기하기도 전에 광란의 소용돌이에 빠진 아이들에게 맞아 죽는다.

로저 *Roger* 약한 아이들에게 잔인하게 구는 교활하고 음흉한 소년. 잭의 진영에 가담하자마자 피기를 죽이고, 샘너릭 형제를 고문해 잭의 편으로 끌어들이며, 랩프의 머리를 꽂을 막대기를 준비한다.

샘너릭 *Samneric* 봉홧불을 책임진 쌍둥이 형제. 잭 일당에게 잡히기 전까지는 랠프에게 충성한다. 마치 한 사람인 것처럼 말을 하는데, 실제로 하나가 말을 꺼내면, 다른 형제가 그 말을 받아 마무리하는 경우가 많다. 그래서 아이들은 샘 Sam과 에릭 Eric을 합쳐 샘너릭이라고 부른다.

꼬맹이들 *Littluns* 여섯 살 정도의 어린아이들. 잭이 반란을 일으킬 때 랠프 편에 남는다.

모리스 *Maurice* 잭을 열렬히 지지하는 큰 애들 중의 한 명. 잭이 랠프 진영을 습격할 때 동행한다.

로버트 *Robert* 사냥을 흉내 내는 의식에서 멧돼지 역할을 하는 아이. 아이들이 광란의 도가니에 빠지면서 다친다.

퍼시벌 웨마이스 매디슨 *Percival Wemys Madison* 신경쇠약에 걸린 꼬마. 다른 아이들의 놀림을 받는다. 괴물은 바다에서 왔을지도 모른다는 설을 내놓는다.

조니 *Johnny* 비열한 꼬마.

헨리 *Henry* 꼬맹이들 중에서 가장 큰 애. 로저의 비열한 장난의 대상이 된다.

등장인물 관계도

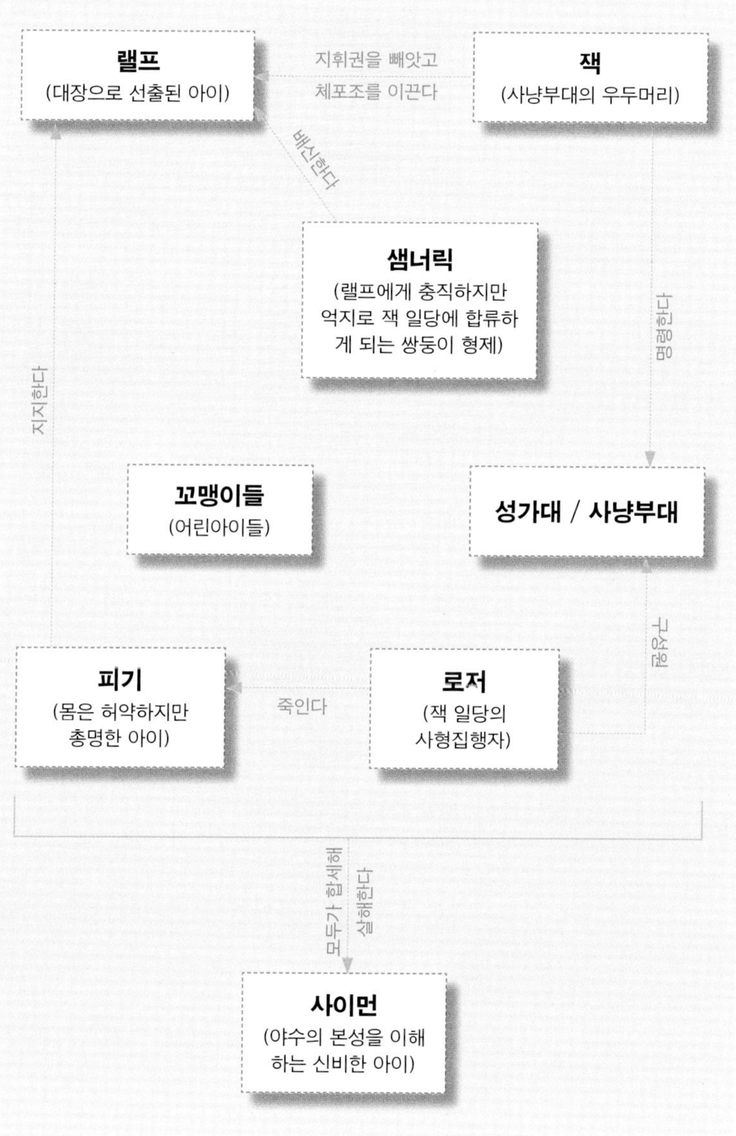

랠프
(대장으로 선출된 아이)
잭
(사냥부대의 우두머리)
지휘권을 빼앗고 체포조를 이끈다
배신한다
샘너릭
(랠프에게 충직하지만 억지로 잭 일당에 합류하게 되는 쌍둥이 형제)
꼬맹이들
(어린아이들)
성가대 / 사냥부대
지지한다
피기
(몸은 허약하지만 총명한 아이)
로저
(잭 일당의 사형집행자)
죽인다
사이먼
(야수의 본성을 이해하는 신비한 아이)

Chapter별
정리
노트

Chapter 1

  무인도에 표류한 소년들

랠프와 피기가 만난다. 두 소년의 대화를 통해 이들이 처한 상황을 알 수 있다. 핵전쟁이 벌어지고 있는 와중에 일단의 소년들을 모처로 피신시키려고 했으나, 그들을 태운 비행기가 추락하고, 결국 소년들은 낯선 섬에 닿게 된다. 원자폭탄으로 세상이 폐허가 되어 소년들의 소재를 알고 있는 사람은 한 명도 없을 것이다.

랠프는 어른은 한 명도 없는 깨끗한 열대의 섬에 있게 된 것을 아주 좋아하지만, 피기는 그렇지 않다. 그들은 밀림에서 벗어나 해변으로 나온다. 랠프는 피기에 관해 그다지 관심이 없다. 피기가 랠프의 이름을 물어도 피기의 이름은 묻지도 않는다. 그는 영국에서는 아이들이 피기(새끼돼지)라고 불렀지만, 이 섬에서는 그렇게 부르지 않으면 좋겠다는 바람을 털어놓는다.

해변에 오자 랠프는 기다란 물웅덩이를 내려다보는 위치에 분홍색 화강암으로 된 커다란 대석을 살펴본다. 수영 실력을 자랑해 보이고 난 랠프가 소라를 발견한다. 피기는 나팔로 사용할 수 있는 귀중한 조개라고 판단한다. 피기는 랠프에게 소라를 불어서 살아 있는 아이들을 해변으로 불러 모으라고 권한다.

곧 여섯 살에서 열두 살 사이의 사내아이들이 밀림에서 해변으로 줄줄이 나와, 대석에 있는 랠프 근처에 모인다. 제일 나중에 온 아이들은 잭

을 비롯한 성가대원들이다. 그 아이들은 열대 지방이라 기온이 높고, 소라 소리를 따라오느라고 힘들었을 텐데도 검은 모자와 망토를 그대로 착용하고 있어서 대석에 도착했을 때는 더위에 지친 모습이 역력하나.

소년들은 자신들이 처한 상황에 대해 얘기를 나누고는 잭이 아니라 랩프를 대장으로 선출한다. 랩프는 성가대원들을 사냥부대라고 지칭하며, 잭에게 그들을 지휘하도록 한다. 잭은 하찮아 보이는 지휘권을 물려받자 화가 누그러진다. 소년들은 자기소개를 하고, 랩프는 피기가 진짜 이름을 대기도 전에 피기라는 별명을 밝혀버린다.

랩프는 그곳이 진짜 섬인지 확인하려고 수색대를 조직한다. 잭은 같이 가겠다고 하면서, 칼집에 든 커다란 칼을 갖고 있다며 자랑스럽게 내보인다. 피기는 수색대에서 제외되어 감정이 상했지만, 랩프는 대석에 남아 있는 아이들의 이름을 전부 기록하는 임무를 주면서 달랜다.

랠프, 잭, 사이먼이 섬이 무인도라는 것을 확인한다. 아이들은 이런 야생의 환경에 떨어져 신나는 모험을 하고, 새로 친구를 사귈 수 있게 된 것을 기뻐한다. 돌아오는 길에 소년들은 밀림의 덩굴에 얽힌 새끼 멧돼지를 발견하고는 잭의 사냥 실력과 용기를 시험해 보기로 한다. 잭은 칼을 뽑아들지만, 멈칫거리는 사이에 멧돼지는 달아난다. 잭이 다음에는 꼭 잡고 말겠다고 사나운 말투로 맹세한다.

주제탐색 1장에서 골딩은 주인공들뿐만 아니라 주제를 소개하고 있다. 즉 인간, 사회, 그리고 문명을 파괴하는 악이 우리 모두의 내부에 존재한다는 것이다. 그는 이런 주제를 제시하기 위해 문명 대 야만, 인간성 대 야수성, 기술 대 자연, 수렵인 대 채집인, 남성 대 여성, 성인 대 어린이, 두뇌 대 육체 등 여러 대립되는 요소들을 부각시키고 있다. 등장인물들이 서로 관계를 맺으며 자연과 접촉하는 과정에서 각자 어떤 힘을 상징하고 있는지가 드러난다. 그 힘을 구현하는 인물들의 말과 행동을 통해 대립되는 힘을 단순하게 충돌시키는 것이 아니라, 여러 가지 복합적인 의미를 비교하고 대비시키고 있는 것이다.

이 소설의 첫머리에는 밀림지대에 할퀸 것 같은 긴 자

국이 나 있는 장면이 등장한다. 비행기가 추락할 때 생긴 것인데, 문명이 자연에 가한 타격을 상징한다. 그러자 자연의 힘인 폭풍우는 비행기의 잔해를 바다 속으로 밀어 넣는다. 자연이 보복을 가한 것이다. 그러나 문명과 자연과의 관계는 그리 단순하지만은 않다. 밀림은 자연을 나타내지만, 해변은 문명을 나타내기도 한다. 해변에 있는 소라와 대석은 법과 질서와 정치를 상징하기 때문이다.

민주정치 체제가 거의 모두 그런 것처럼 랠프도 얄팍하며 표면적인 이유에서 대장으로 선출된다. 상냥하고 잘생겼으며, 선출할 때 소라를 가지고 있었기 때문이다. 이 소라는 이 소설의 처음부터 끝까지 권위를 상징한다. 소라를 불어 다른 아이들을 불러 모은다는 생각은 피기의 머리에서 나왔지만, 천식 때문에 랠프에게 소라를 불게 했던 것이다. 한편 잭은 아이들을 거느리고 지휘한 경험이 있는 게 분명하다. 그렇게 더운 날씨에도 땅바닥까지 끌리는 망토를 걸친 성가대원들을 질서정연하게 밀림에서 해변까지 행진시켰으니까. 그러나 너무 노골적으로 권력을 탐해서 싫어하는 아이들이 있었다. 이들은 겸손과 예의를 중시하는 사회에서 자랐던 것이다. 따라서 소년들은 힘과 매력이 없는 피기나 뻔뻔하고 야성적인 잭이 아니라 랠프를 대장으로 선택한다.

침착하고 자신감 넘치는 잭에게는 성가대원들을 맡기고, 피기에게는 아이들 이름 적는 일을 맡길 정도로 균형 감각이 있는 랠프는 잭이나 피기보다 훨씬 외교적인 성향을 갖고 있다. 잭에게 사냥부대 통솔을 맡긴 것은 결국 정치적인 (그리고 거의 개인적인) 자살행위나 다름없는 실책이었음이 나중에 밝혀지지만, 랠프 자신은 아직도 예의가 통하는 사회에 살고 있다는 착각에 빠져 전략적인 지휘보다는 친구 사귀는 일에 더 중점을 두고 있다. 나중에는 랠프도 집단을 성공적으로 이끌려면 더욱 강경하게 아이들을 대해야 한다는 것을 알게 되지만, 1장에서는 물구나무를 서고, 수영하면서 물을 뿜고, 언덕 아래로 돌을 굴리고, 사이먼과 장난으로 싸우는 등 놀이에 열중하는 모습을 보인다.

다른 아이들보다 특출한 랠프의 재능, 즉 물구나무를 서고, 수영을 잘하는 것 등은 밀림에서는 별로 쓸모가 없는 능력이란 점에 주목할 필요가 있다. 반면에 잭은 지도자의 재능을 갖추고 있다. 그는 처음부터 호전적인 성품을 보여 성가대를 군대식으로 편성했고, 랠프의 제안을 받아들여 이를 사냥대원 조직으로 만든다. 랠프가 물구나무를 서며 아이들을 즐겁게 해줄 때, 잭은 자신의 권위를 성공적으로 발휘하여 성가대원들이 자신을 지도자로 뽑게 만든다. 잭은 고음을 낼 수 있는 능력이 아니라 권위로 아이들을 복종시키는 것이다.

밀림 속에서 사이먼이 기절할 때까지 성가대원들을 열을 지어 행군시키는 잭은 처음부터 악을 대표하는 인물로 등장한다. 골딩은 이상한 단복을 입고 2열종대로 행군하는 성가대의 모습을 통해 제복을 착용한 군대를 인간의 어두운 면과 연관 짓고 있을 뿐만 아니라, 잭을 공격적 인간성을 상징하는 인물로 내세우고 있다.

잭이 피기를 지극히 싫어하는 감정을 직접 말로 표현하는 것은 당연한 일인지도 모른다. 피기는 잭을 한 꺼풀 벗기면 바로 나타나는 야수성과는 대조되는 온순하고 예의 바른 문명사회를 대변하기 때문이다. 피기도 우월성과 권위를 내보이는 잭의 말과 행동을 본능적으로 싫어한다. 시력이 약하고, 뚱뚱하며, 천식을 앓고 있는 피기는 의식주를 제공하고, 육체적인 약자들도 보람을 느끼며 살아갈 수 있고, 의료 혜택을 주는 문명사회에서만 생존할 수 있는 인물이다. 영국에서라면 피기는 신체적 능력이나 사교성이 부족해도 지석인 능력으로 사회에 기여할 수 있기 때문에 소중한 존재로 취급받을 것이다. 그러나 무인도에서는 아무리 지적 능력이 뛰어나도 가장 취약한 존재일 수밖에 없다.

랠프는 피기가 모험 정신이 없다고 구박하지만, 현실 상황을 잘 파악한다는 점은 인정한다. 피기는 원자폭탄으로 소년들의 행방을 알 만한 사람들은 모두 죽었을 것이라고 지적한다. 랠프는 아버지가 자신들을 구하러 곧 올 것이라고 말하지만, 피기는 자신의 이모에 관한 얘기를 과거형으로 말한다. 이모가 이미 죽었다는 것을 알기 때문이다. 그러나 이모의 목소리는 아직 피기의 머릿속에서 맴돌고 있다. 이모의 목소리는 피기가 생존하는 데 필요한 온화한 사회를 상징한다. 피기는 '우리 이모가 그러는데'란 말을 자주 하지만, 한 번도 제대로 끝내지 못한다. 1장부터 이모의 세계는 원시적인 환경과 야만적인 잭의 선동 정치에는 발을 붙이지 못하는 것이다.

이모의 말을 인용하려는 피기는 어른 세계를 대변한다. 소년들은 어른들에 대해 이율배반적인 태도를 가지고 있다. 어떤 경우에는 자신들을 보호하고 의식주를 제공하는 사람으로 보고, 또 어떤 경우에는 자신들의 행동을 제약하고 벌을 주는 사람으로 인식하는 것이다. 랠프도 처음에는 섬에 어른들이 없다는 점에 환호하지만, 동시에 아버지가 빨리 와서 구출해 주기를 바란다. 어른을 대표하는 피기는 어른다운 논리를 이용해 랠프의 아버지가 죽었을 것이라고 말하지만, 열두 살짜리 랠프는 잘 이해하지 못한다. 2장에서는 소년들이 잠잘 곳을 만들기 전에 불을 피우는 것을 보고 피기가 꾸짖는데, 이것도 어른의 이성적인 논리를 나타낸다. 그러나 원시적인 환경에서 감정이 고조된 아이들에게는 그 논리가 먹혀들어가지 않는다.

잭과 랠프는 1장에서 보다 근본적인 선택을 하게 된다. 이들은 밀림을 수색하다 발자국을 발견한다. 랠프는 그것이 사람 발자국이 아닌가 하고 생각하지만, 잭은 고개를 흔들며 동물의 발자국이라고 한다. 그들이 무의적으로 자신들이 앞으로 무엇을 대변하고 상징할 것인지를 선택하는 순간이다.

Chapter 2

 ## 충동적으로 행동하기 시작하는 아이들

랠프, 잭, 사이먼이 오후 늦게 섬을 정찰하고 돌아온다. 랠프는 소라를 불어 아이들을 다시 모아놓고 정찰 결과를 알려준다. 잭은 랠프가 말을 시작하자마자 끼어들어 멧돼지를 사냥할 부대가 필요하다고 역설한다. 그러자 랠프는 한 번에 한 사람만 말을 할 수 있도록 소라에 관한 규칙을 정한다. 즉 소라를 가진 사람만 발언할 수 있으며, 랠프만이 소라를 가진 사람의 말을 중간에 막을 수 있다는 것이다. 이렇게 해서 질서가 잡힌 문명사회의 의사소통 과정이 확립된다.

소년들의 위치를 아는 사람은 아무도 없다는 점을 강조하기 위해 피기가 소라를 잡는다. 어쩌면 소년들은 오랫동안 섬에 있게 될지도 모른다는 것이다. 랠프가 이런 상황에는 신나는 모험이 따르게 마련이라며 밝은 면을 지적한다. 꼬맹이들이 대표를 내세워 전날 밤 숲속에서 봤다는 '괴물' 이야기를 한다. 나이 든 소년들은 재빨리 괴물이란 것은 없다고 어린 아이들을 다독거린다. 랠프는 틀림없이 구출될 것이라고 안심시키며, 지나가는 배와 비행기가 볼 수 있도록 봉홧불을 지펴야 한다고 말한다. 불이란 말에 잭은 곧 아이들을 규합해 불을 지피러 산으로 데리고 올라간다. 랠프는 질서를 유지하려고 하지만 모두 잭의 뒤를 따라가자 하는 수 없이 따라나선다. 피기는 제일 마지막으로 따라가면서, 아이들이 그렇게 충동적으로 행동하는 것에 화를 낸다.

산꼭대기에서 소년들은 엄청나게 널려 있는 죽은 나무를 발견하고는, 피기의 안경을 이용해서 불을 지핀다. 거대한 봉홧불이 타다 저절로 꺼진다. 잭이 나서서 사냥부대가 봉홧불을 관리하겠다고 말다. 말할 기회를 주지 않는다고 불평하던 피기가 갑자기 산불이 붙기 시작하는 것을 보게 된다. 피기는, 소년들이 앞일을 내다보지 못하고 밤이 다가오는데도 잠잘 곳을 만들지 않은 채, 랠프의 말을 무시하고 산 위로 올라온 것에 대해 싫은 소리를 한다. 그리고 그렇게 많은 나무를 낭비했을 뿐만 아니라, 급속하게 퍼진 산불로 꼬맹이들이 죽었을지도 모른다고 나무란다. 그 말을 들은 랠프는 꼬맹이들을 잘 관리하지 못했다고 피기를 비난하려다가, 어린 아이들이 대석으로 돌아갔을 것이라고 모두를 안심시키려고 한다. 그 말을 믿는 아이들은 없지만, 모두 현실을 제대로 보려고 하지 않는다.

인물 탐색 2장에서는 1장의 주제가 확장되고 있다. 랠프는 자신을 뽑아준 아이들을 정치적 · 사회적 역학 관계 속에서 어떻게 관리하고 통솔하느냐 하는 중요한 과제를 안고 있다. 소년들은 처음에는 랠프의 천부적인 말재주에 상당히 감탄한다. 핵전쟁이라는 급박한 상황을 감안하면 랠프의 구출 약속은 신빙성이 없어 보이지만, 그는 이 약속을 아주 잘 전달하며, 자신도 그렇게 믿고 있다. 랠프가 문제점을 잘 파악하고 그것을 제대로 전달하는 능력이 뛰어나다는 점은 피기도 신뢰한다. 그러나 랠프를 너무 과대평가하는 것인지도 모른다.

피기의 충성심은 논리적인 정신에서 기인한다. 지도자의 명령을 따르고, 그가 사태를 잘 헤쳐 나가고 있다고 믿는 것이 순리 아닌가 말이다. 다른 소년들은 보다 감정적이다. 그들은 조금 전까지만 해도 그렇게 존경하던 지도자를 간단히 저버린다. 산에 올라온 아이들은, 전에 랠프에게 반했듯이, 자진해서 봉홧불 돌보는 일을 떠맡는 잭에게 마음이 쏠리고 있다.

지도자의 인기가 변하는 것은 정치적 역학 관계에서는 늘 있는 일이다. 골딩은 꼬맹이들의 대표를 맡는 아이의 수줍어하는 모습을 표현하면서, 지도자의 역할을 떠맡는 사람들의 상태를 단적으로 나타내고 있다. "이 아이는 엄청난 이목을 받자 땅 위에 곧게 서 있던 자신이 비틀어지는 것 같았다." 잭 같은 자가 앞으로 나서서 대중들에게 자신을 강력하게 부각시키면, 대중들은 그 지도자를 실물보다 크게 보면서 좋든 나쁘든 뭔가 큰 것을 기대한다. 지도자는 거의 모두 어느 정도는 대중의 주목을 받는데, 이때 대중의 왜곡된 렌즈로 인헤 지도자의 결점과 장점이 모두 크게 보인다. 따라서 업적과 마찬가지로 사소한 실수도 과장되는 경우가 많다. 이러한 증상은 지도자가 유발시키는 감정적인 반응에서 나온다.

피기는 대중은 감정으로 반응한다는 사실을 눈치 채지 못하고 있다. 그는 아이들에게 가장 이익이 되는 행동 계획을 마련하려고 하지만, 그들과 감정적으로 단절되어 있어 말이 먹히지 않는다. 전에 자신이 했던 말을 랠프가 되풀이했을 뿐인데도 아이들이 그 말에는 귀를 기울이자, 피기가 핏대를 올린다. "그 말은 전에 내가 했던 거야! 내가 말할 때는 입 닥치라고 했잖아." 그러자 아이들은 다시 피기에게 입을 다물라고 한다. 논리적인 접근 방식을 너무나 신봉하는 피기는 아이들이 왜 그러는지 이해하지 못한다. 진실이란 그렇게 명확한 것이 아니고, 논리란 어디서나 통하지는 않는다. 피기가 화를 내자 비로소 아이들은 일의 우선순위를 말하는 피기에게 주목하게 된다. 피기는 이 섬은 밤에는 춥기 때문에 밤이 되기 전에 잠잘 곳을 만들어야 했었다고 지적한다.

주제 탐색　피기는 또 소라의 권위를 너무 믿는다. 소라는 곧 발언권이고, 소라를 가진 사람의 말에 귀를 기울여야 한다는 사회적 통념에 너무 기대를 거는 것이다. 피기는 사회적 규약을 준수해야 좋은 결과를 얻을 수 있다고 믿는다. "행동을 제대로 안 하면서 어떻게 구출되기를 바라냐?" 피기는 이렇게 묻는다. 피기의 말은 부분적으로는 맞지만, 대중의 감정을 움직이는 역학을 간과하고 있다. 피기가 "너는 지금 소라를 부러뜨릴 뻔했어!"라고 소리치는데, 이 말은 결국 "너는 사회의 규약을 깨뜨리고 있어!"라는 나무람이다. 사회 규약이란 규칙을 정하고 모두 그것을 지키자는 약속이다. 신체적 능력에 의지해 생존할 수 있는 다른 아이들과는 달리 피기에게는 사회적 규약이 절실하다.

문학적 장치 잭이 산으로 뛰어올라가자, 문명사회의 이성적 대화를 유지하는 규약의 일부인 소라의 권위는 산산조각난다. 산꼭대기에서 잭은 소라는 아무런 힘이 없다고 단언하지만, 이미 대석에서도 소라는 힘을 잃었다. 랠프가 소라를 쥐고 질서를 지키라고 외쳤지만, 들뜬 아이들을 막지 못했던 것이다. 이것은 나중에 랠프가 권위를 완전히 잃게 되는 것을 암시한다. 잭이 대석에 있던 아이들을 충동질해 끌고 올라가는 것은, 문명사회의 이성이 인간의 감정적이고 야만적인 본성에 얼마나 쉽게 압도당하는지를 상징적으로 보여준다.

문학적 장치 골딩은 인간의 본성에 내재하는 악을 나타내기 위해 꼬맹이들이 보았다는 괴물을 이용하고 있다. 아이들의 말에 따르면, 그 괴물은 밤에는 아이들을 잡아먹으려고 밀림에 숨어 있고, 낮에는 나무에 감겨 있는 덩굴로 자신을 위장한다. 여기서 덩굴은 낮에는 문명으로 위장한 인간의 본성을 나타낸다. 원시적인 환경에 어둠이 내리면, 이 본성은 위장을 빗고 잔인한 실체를 드러낸다. 산불이 나자 꼬맹이들은 덩굴이 타는 것을 보고 비명을 지른다. "뱀이다, 뱀! 뱀을 좀 봐!" 이것은 인간의 순진무구한 심성을 빼앗고 자신의 야수적인 실체에 눈을 뜨게 한 에덴동산의 뱀을 암시하는 장면이다.

주제 탐색 물론 소년들은 이 괴물이 인간의 본성에 내재한 악이 형상화된 것이라고는 생각하지 않으며, 단순히 어떤 동물이라고 추측한다. 그러나 이 아이들은 본능적이고도 무의식적으로 이 섬이 위협적인 존재라는 것을 느낀다. 이 섬에는 자신을 지켜주던 문명사회의 보호막이 없는 것이다. 나이 든 아이들은 표면적으로는 꼬맹이들이 느끼는 공포를 일축하며, 이 섬은 너무 작아 사람을 잡아먹는 짐승은 없다고 논리적으로 설명한다. 랠프는 이 점을 특히 강조한다. "내가 다시 말하지만, 이 섬에는 괴물 같은 건 없어!" 랠프는 사람에게 잠재한 어두운 본성을 부정하는 것이다.

 산정에 지핀 불은 엄청난 상징적 의미를 지닌다. 우선 불은 희망과 미래에 대한 소망이며, 신으로부터 받은 선물이며, 인간과 동물을 구분하는 도구다. 그러나 해변의 대석과 밀림이 인간의 이중성을 나타내는 것처럼 불도 야수성을 상징한다. "바람은 시원했다. 그러나 불은 뱀의 혓바닥처럼 야만적인 열기를 내뿜고 있었다." 여기서 골딩은 사회와 각 개인이, 서로 상충되면서도 보충적인 두 가지 힘을 가지고 있다는 점을 나타낸다. 어떤 사람들은 야수성을 표면에 드러낸다. 잭이 이 경우에 해당한다. 그러나 이 야수성은 누구에게나 내재되어 있다. 소년들이 지핀 불은, 누구나 뜨겁고 찬 것, 선과 악, 문명과 야만 등 이중성을 지니고 있다는 것을 상징한다.

이 불은 또한 랠프가 전반적인 사태와 자신의 역할을 깨닫기 이전과 이후라는, 또 다른 이중성을 나타낸다. 봉홧불 피우기는 아이들이 모두 참여하는 일종의 공동체 놀이였으며, 불을 지피는 데 성공하자 축하의 의미에서 랠프는 물구나무를 선다. 그러나 불을 관리할 특별 팀을 구성할 계획을 세우게 되면서 이 불은 보다 심각한 일이 된다. 나중에 불 때문에 꼬맹이들이 죽을 수도 있다는 데 생각이 미치자, 랠프는 소년들이 자신의 권위를 무시하면 얼마나 심각한 결과를 초래할 수 있는지 깨닫는다. 불을 지피기 전에는 문명의 보호를 받는 아이들만 누릴 수 있는 놀이 시간을 갖기도 한다. 그러나 생존을 위해 투쟁하게 되면서 그런 사치를 누릴 수 없게 되는 것이다.

문학적 장치 궁극적으로 이 불은 야만성을 드러내고 있다. 소년들이 불 지필 나무를 찾아 뛰어다니는 모습을 골딩은 "아이들의 삶은 불과 달리기를 하는 것이 되었다"고 표현한다. 이 구절은 마지막에 랠프가 목숨을 지키려고 달리게 되는 상황을 암시한다. 인류가 불을 처음으로 지핀 것은 인간과 동물을 구분하는 첫 번째 기술이었던 반면, 소년들은 봉홧불을 지피려고 원시적인 폭력을 사용한다. 피기의 안경을 강제로 빼앗는 것이다. 따라서 피기는 의사와는 상관없이 프로메테우스*가 된다.

첫날부터 소년들이 한데 뭉쳐 피기를 힘으로 누르는 모습에 주목하자. 이것은 지성을 힘으로 누르려고 하는 것을 나타낸다. 또한 어른에 대한 반항이라고 볼 수도 있다. 피기는 나이는 비슷하지만, '철없이 날뛰는 아이들을 돌봐야 하는 부

---

* **프로메테우스**(Prometheus): 그리스 신화에 등장하는 신으로, 인간에게 처음으로 불을 전해 주었다.

모’ 역할을 담당하고 있기 때문이다. 이 섬에서 아이들은 난생처음 완전한 자유를 맛본다. “여기는 우리들의 섬이야. 어른들이 데리러 올 때까지 재미있게 지낼 거야”라는 랠프의 예측은 완전히 빗나가게 된다.

여기까지 이 소설에는 다음과 같은 상징적인 인물과 사물이 등장한다.

●**랠프**: 소년들의 생존과 구출을 위해 인원과 생활을 조직화하려고 드는 책임감 있는 지도자 역할을 담당한다. 그는 실질적이며 피기의 조언을 이행할 능력이 있으며, 미신과 공포를 물리치고, 폐쇄된 사회를 발전시킬 방법을 찾아낼 능력을 갖춘 것처럼 보인다.

●**잭**: 인간에게 내재된 악을 대변하는 인물로, 원시적인 충동과 본능에 따라 행동하는 인물이다.

●**피기**: 신체적 결함을 지녔지만 지적인 이 소년은 이 섬에서는 가장 적응력과 생존력이 떨어지는 인물이다.

●**사이먼**: 예술가적 기질과 감각적 재능이 있는 신비주의자다.

●**소라**: 권위와 문명사회에서 행해지는 토론을 나타낸다.

●비행기 동체 때문에 난 밀림의 자국과 덩굴 같은 뱀의 이미지는 공격성, 공포, 악을 나타낸다.

Chapter 3

좌절하는 랠프

혼자 멧돼지를 사냥하던 잭은 발자국을 따라가는 기술을 확실히 익힌다. 또다시 아무런 소득도 없이 사냥을 끝내게 되자 좌절감을 느낀 잭은 밀림에서 나와 랠프와 사이먼이 숙소를 짓는 곳으로 온다.

랠프 역시 좌절감을 토로한다. 소년들은 모두 잘 곳을 짓는 데 협력하겠다고 했지만, 실제로 도운 사람은 사이먼밖에는 없다. 다른 소년들

은 모두 놀거나, 목욕을 하거나 잭과 함께 사냥에 따라나서는 것이다. 그러나 잭을 비롯한 사냥부대는 아직까지 고기를 마련하지 못하고 있다. 랠프는 잘 곳을 튼튼하게 지어야 한다는 점을 강조한다. 반면에 잭은 자신을 비롯한 다른 아이들은 고기가 필요하다고 주장하면서, 사냥을 고집하는 이유를 설명하려고 한다. 둘 사이의 의견차이와 반감 때문에, 첫째 날에 섬을 수색하면서 싹텄던 둘 사이의 친밀한 관계도 점차 불편해진다.

3장에서는 또 사이먼의 새로운 면이 밝혀진다. 사이먼은 덩굴과 둥근 돌과 나무로 지은 일종의 오두막 같은 비밀 장소를 밀림 속에 마련해 두고 있다. 하루 종일 랠프와 함께 잘 곳을 지은 다음, 꼬맹이들이 과일 따는 것을 돕고는, 따라오는 사람이 없는 것을 확인하고는 자신의 숙소로 몰래 빠져나가는 것이다.

주제 탐색 첫 두 개의 장에서 대석에 모인 소년들이 소라를 가진 사람에게 발언권을 주는 규칙을 만들어 회의를 여는 모습을 통해 골딩은 일정한 규율에 따른 연설은 문명사회의 특징이란 점을 부각시킨다. 랠프는 소라를 이용해, 학교에서 배운 '손 드는' 규칙을 그대로 적용시키려고 한다. 3장에서 골딩은 이 주제를 더욱 발전시켜, 언어를 통한 의사전달은 문명사회만이 갖는 속성이지만, 침묵은 자연의 속성이란 것을 가르쳐준다. 잭은 '의사소통이 되지 않는 밀림'에서 사냥을 하며 '밀림의 침묵이 더위보다 더 사람을 짓누른다'는 사실을 알게 된다.

　　3장에서 랠프가 말은 소용없다고 일침을 가하는 모습
은 역설적이다. 잘 곳을 짓는 장소에 온 잭에게 랠프는, 회의
에서는 모두 돕겠다고 해놓고는 약속을 지키지 않으니 말이
무슨 필요가 있겠느냐고 화를 내는 것이다. "회의 말이야. 우
리 회의 좋아하잖아?" 회의를 열면 서로 단합할 수 있는 기본
틀이 세워지고 추진력이 생길 줄 알았지만, 극소수만이 결의
사항을 따르자 회의가 비능률적이라는 사실에 혼란스러운 것
이다. 대부분의 아이들은 랠프가 생각하는 질서를 좋아하면서
도 실천할 만한 정신적인 힘이 없다. 부모나 교사는 규칙과 약
속을 이행시킬 힘과 수단이 있지만, 랠프에게는 말이란 도구
가 전부다. 랠프도 오두막 짓는 일이 그다지 내키지 않지만,
감정을 조절해 필요한 일을 해내는 절제력은 갖추고 있다.

인물 탐색　잭은 권위를 행사해 아이들이 절제력을 발휘하도록 하
　　　는 힘은 갖췄지만, 랠프처럼 문명사회에 대한 신념은
없다. 잭은 문명사회의 흔적을 급속도로 잃어가고 있으며, 동
물적인 본능에 따라 행동하기 시작한다. 또한 이성적인 사고
능력도 잃어가고 있는 것 같다. 구조가 가장 중요하다는 랠프
의 말에 동의하지 않을 뿐만 아니라, 구조라는 말이 무엇인지
생각하느라 잠시 멈칫거릴 정도다. 사냥을 다니다 오히려 사
냥당하는 느낌이 든다는 것을 설명하려던 그는 그 느낌을 말
로 표현하기가 굉장히 어렵다는 것을 알게 된다. 말로 자신을

표현하는 것은 문명사회에서나 필요하지 사냥에는 불필요하다. 잭은 말을 하지 않는 밀림과 의사소통을 하고, 멧돼지가 남긴 자취를 읽는 것이 더 중요하다고 느낀다. 랠프는 집단 이익을 위해 본능을 억제할 수 있지만, 잭은 본능을 더욱 개발하는 데 힘을 쏟는다.

더구나 두 소년 모두 자기 견해를 상대방에게 전달할 능력이 없으며, 상대방의 관점을 고려하지 않는다. 이 같은 의사소통의 부재는 갈등의 근본 원인이 되는 경우가 많다. 잭이 사냥을 하는 동안 사냥당하는 느낌이 든다는 말을 듣고 랠프와 사이먼이 보이는 반응은 두 사람의 특징을 잘 나타낸다.

잭이 괴물에 대한 감정을 전달하려고 하자, 랠프는 반박한다. 이성 사회를 대변하는 랠프는 잭이 괴물이 존재할 수도 있다는 얘기를 하려고 하자, 믿을 수 없다고 하면서 약간 화를 내기도 한다. 랠프는 괴물의 존재를 인정할 수도 없고, 인정하고 싶지도 않다. 반면에 신비주의자인 사이먼은 잭의 감정이 인간 본성에 대해 자신이 갖고 있는 직관적인 지식과 어떻게 대응되는지 알고 싶어한다. 잭이 괴물에게 느끼는 감정은 아무런 형체도 없는 모호한 것이다. 감정 세계에서 살고 있는 잭은 그 감정이 동물적 본능을 지배하고 자극한다. 사실 잭은 어떤 의미에서는 사냥을 당하고 있는데, 정도는 달라도 잭과 사이먼은 그것을 인식하고 있다. 랠프는 그런 점을 인식할 능력이 없기 때문에 자신이 믿고 의지하는 것, 즉 문명사회의 기본적인 인간성을 계속 믿을 뿐이다.

 3장에서는 사이먼이 신비주의자라는 점이 드러난다. 골딩은 사이먼이 왜 비밀 장소를 마련해 두고 있는지, 거기서 무엇을 하는지 구체적으로 밝히지는 않지만, 다른 소년들과 떨어져 있을 필요를 느끼는 것은 확실하다. 자기를 도운 아이는 사이먼밖에 없었는데도, 랠프는 "그 애는 괴짜야. 좀 이상해"라고 말한다. 보통 사람들은 신비주의자를 늘 이런 식으로 대한다. 사이먼은 신체적 장애 때문에 기절하는 것 외에도 늘 약자를 배려하는 면에서 여타 소년들과는 다르다. 2장에서는 땔감을 주워오지 않는다고 잭이 피기를 비난하자, 피기의 안경으로 불을 피웠다며 옹호해 준 아이가 사이먼이었다. 3장에서는 꼬맹이들의 손에 닿지 않는 과일을 따서는 '무수히 뻗어 있는 손에 쥐어주는' 그는 거의 성자 같은 이미지를 풍긴다.

 사이먼은 아무도 모르는 장소에서 명상을 할 뿐만 아니라, 아주 맑게 빛나는 눈을 가졌다. 이것은 그가 앞날을 내다보는 역할을 하게 된다는 것을 암시한다. "눈이 너무 반짝거려서 랠프는 사이먼이 아주 유쾌하고 짓궂은 장난을 즐기는 아이로 잘못 생각할 정도였다." 이런 혜안을 가진 사이먼은 나중에 괴물의 정체를 밝힌다.

랠프는 잭과 지도자의 역할에 대해 점점 환멸을 느낀다. 골딩은 이 점을 뚜렷하게 부각시키기 위해 첫날 섬을 수색하

러 나갔던 세 아이를 3장에서 다시 한자리에 모이게 한다. 그
들은 첫날에는 신나는 모험 과정에서 금방 친구가 되는 듯 했
다. 그러나 잭이 사냥을 고집해 숙소를 지으려는 계획이 방해
를 받고 있다는 사실을 랠프는 외면할 수 없다. 또 사이먼은
랠프가 생각했던 것처럼 장난꾸러기가 아니다. 소년들은 먹고
놀 수 있다는 눈앞의 유혹에 빠져 공동 목표를 향해 힘을 합하
겠다는 약속을 헌신짝처럼 저버린다. 랠프는 "사람들이란 예
상과는 전혀 다르다"는 것을 뼈저리게 느낀다.

Chapter 4

봉홧불을 꺼뜨린 잭 패거리

　4장은 하루가 시작되면서 변하는 섬의 모습과 소년들이 매일 되풀이되는 생활에 어떻게 적응하는지 보여준다. 꼬맹이들의 활동은 자신들만의 세계로 좁아지고, 그 중에서 세 아이는 모래성을 쌓으며 놀고 있다. 밀림에서 나온 로저와 모리스가 해변으로 가는 도중에 일부러 모래성을 부순다.

잭은 사냥부대를 불러 모아 새로운 사냥법—색깔이 있는 진흙과 숯으로 얼굴을 위장하는 것—을 알려준다. 잭과 사냥부대가 사냥에 나선다. 거기에는 봉홧불 당번인 샘너릭 형제도 들어 있다.

랠프는 멀리 배가 지나가는 것을 발견하고는 선원들이 봉홧불 연기를 보게 될 것이라고 확신한다. 그러나 봉홧불은 관리하는 아이들이 없어서 이미 꺼져 있었다. 사이먼이 연기가 나지 않는다고 지적하고, 사이먼, 랠프, 피기가 급히 산으로 올라간다. 세 명이 모두 불이 꺼져 있는 봉홧불 터에 도달했을 때는 배는 이미 사라지고 없다.

한편, 잭이 이끄는 사냥부대는 죽은 멧돼지를 끌고 승리감에 도취되어 봉홧불 터로 행군해 온다. 잭과 랠프는 사냥을 하느라 봉홧불을 꺼뜨린 것을 두고 대립한다. 잭이 사과하지만, 랠프는 화를 삭이지 못한다. 소년들이 구운 멧돼지고기를 먹기 시작하자 긴장감은 조금 누그러진다. 사냥대원들은 사냥을 자축하는 춤을 추면서 멧돼지를 잡아 죽인 장면을 재연한다. 이것을 보던 랠프는 즉시 대석에서 회의를 열겠다고 선언한다.

: 풀어보기

문체 탐색 골딩은 매일 되풀이되는 섬의 일상을 통해 인간을 지배하는 여러 순환 과정, 즉 태어나서 죽는 개인의 일생, 문화권이 형성되고 해체되는 과정, 거대한 문명이 생성되고 소멸되는 과정을 그리고 있다.

꼬맹이들의 집단에서도 자신들만의 문화가 형성되고, 우선순위와 흥미에 따라 어울려 하루를 보낸다. 그러나 그 아이들 사이에서도 기질과 체격에 따라 더욱 세밀하게 나뉘어진다. 예를 들면, 모래성을 쌓으며 놀고 있는 아이들 세 명 중에서는 헨리가 대장인 셈이다. 퍼시벌와 조니는 섬에서 제일 작은 아이들이기 때문이다. 그러나 조니는 퍼시벌보다 우위에 있다. 체격이 더 좋고, 감각이 예민한 퍼시벌에 비해 조니가 위압적인 기질이 있기 때문이다. 헨리와 조니는 행동을 통제하는 어른들이 없기 때문에 퍼시벌을 못살게 굴며, 다른 생명체를 마음대로 갖고 놀 수 있다는 것에 엄청난 재미를 느낀다.

소년들은 사냥, 놀기, 먹기 등 이 섬에서 제일 재미있을 것 같은 일에만 정신을 팔지, 숙소를 짓는 등의 필요한 일은 안중에 없다. 이들은 마음 내키는 대로 자신만의 우선순위와 일정을 잡는다. 따라서 어떤 아이들은 자신의 가장 사악한 충동을 실행에 옮긴다. 예를 들어, 헨리는 독선적인 성향을 발휘해 발자국에 갇힌 해변의 투명한 생물체들을 가지고 실험을 한다. 이런 행동은, 헨리와 조니가 퍼시벌을 박해하는 깃, 잭이 사냥에 광분하는 것, 더 나아가 핵전쟁의 원인에 이르기까지, 보다 광범위한 인간 행동의 소우주에 해당된다.

헨리는 투명한 생물체에게 말로 명령을 하는데, 3장에서 잭이 멧돼지 발자국에 말을 붙여 이야기하도록 하는 장면과 유사하다. 두 소년 모두 말을 할 수 없는 존재에게 말로 의사소통을 하도록 강요하고 있는 것이다. 헨리는 아무리 작은 생물체이지만, 자기 마음대로 할 수 있는 것에 커다란 만족을 느낀다. 그것들이 명령에 귀를 기울이지 않아도 상관없다. 약한 퍼시벌에게는 잔인하게 굴지만, 다른 생명체를 지배하려는 헨리의 욕망은 아직은 놀이 단계에 불과하기 때문이다. 반면, 잭은 랠프의 저항을 두고 볼 수밖에 없기에 속을 끓인다. 랠프가 아무 말도 하지 않은 채 원래 불을 지폈던 장소에서 비키지 않자 소년들은 할 수 없이 다른 곳에다 불을 지펴야만 한다. 랠프는 사냥부대가 말이나 힘으로 대항하지 못하도록 비언어적이고 비폭력적인 방법으로 소년들을 통솔하고 있는 것이다. 이처럼 랠프가 자기 의지를 소년들에게 주입시키고 권위를 되찾으려고 수동적으로 저항하자, 잭은 속수무책이다.

로저와 모리스는 모래성을 부수며 꼬맹이들을 괴롭히면서도 머릿속에는 어른들의 꾸짖음이 아직 남아 있기에 로저는 헨리에게 일부러 맞지 않도록 돌을 던진다. 종적도 모르는 황폐화된 문명사회가 로저의 팔을 제어하고 있는 것이다.

잭도 여전히 문명사회의 영향을 받고 있지만 그 영향력은 급속히 약해지고 있다. 사냥 때 피를 많이 흘린 것에 대해 웃으면서 이야기하지만, 몸은 부르르 떤다. 그러나 곧 피묻은 손을 바지에 문지르며, 이런 혐오감을 떨쳐버리고는 피기의 배를 주먹으로 치며 기분을 푼다. 지금까지는 다른 아이들을 때리거나 공격성을 드러내면 안 된다는 어른들의 질서에 순응하며 살아왔지만 이제는 본능을 억제하는 것이 없다.

영국 문화는 역경 속에서도 정중하고 공손하게 행동하

는 것을 높이 평가하는 경향이 있다. 격한 감정과 충동을 점잖은 예의로 가리는 가면에 가치를 두는 것이다. 잭은 그 가면의 이면에도 엄청난 힘이 있다는 것을 깨닫는다. 즉 감추는 가면이 아니라 해방시키는 가면을 발견한 것이다. "잭은 진흙과 숯으로 위장하자, 그 가면 뒤에 숨어 수치심과 자의식에서 해방된다."

점잖은 사회의 가면은 인간의 사악한 본성을 가두는 역할을 하지만, 진흙은 잭의 야수적인 본성을 풀어놓는다. 사냥 대원 빌은 잭의 모습을 보고 처음에는 웃지만 두려움을 느끼며 슬금슬금 밀림으로 들어갔다. 샘너릭 쌍둥이도 그 모습에 겁 먹고 문명사회의 질서와 구조의 희망을 대변하는 불을 지키지 않고 사냥에 합류한다. 잭은 이 가면을 '위장'이라고 부르는데, 이것은 거리낌 없이 살생을 자행하는 사람으로 변모하는 자신을 전투에 나가는 어른과 동일시한다는 것을 뜻한다.

지나가는 배를 보고 신이 나서 어쩔 줄 모르는 다른 아이들과는 달리 랠프는 침착성을 잃지 않는다. 그러나 배가 볼 수 있는 연기가 오르지 않는다는 것을 알게 되자, 침착성이 사라진다. 감정을 숨겨주던 가면이 벗겨진 것이다. 랠프는 덤불에 긁히며 허겁지겁 산으로 올라가지만, 불은 꺼져 있고, 배는 사라져가고 있다. 그는 완전히 자제력을 잃는다. "돌아와! 돌아와!" 미친 듯이 목소리가 높아진 그는 저질스러운 말을 내뱉었다. "그 개새끼들이 불을 꺼뜨렸어." 화가 나자 랠프의 문화에서 가장 중요했던 예의범절이 무너져내린 것이다. 항상 어른의 시각으로 사태를 관망하던 피기도 위기를 맞자, '어린아이처럼 징징거렸다'. 그리고 다음 장에서는 사이먼이 괴물이 있을지도 모른다는 말을 꺼내자 욕설을 내뱉는다.

상황이 어려워지자, 어떤 소년들은 문명사회의 예의범절을 던져버리고는 인간이란 동물이 가진 저급한 감정에 지배된다. 그리고 한걸음 더 나아가, 이성적인 사고나 문명사회에서 행하는 의사소통마저 저버리는 소년들도 생긴다. 잭은 위장의 필요성을 설명하면서 동물처럼 생각하기 시작한다. 말도 마치 동물처럼 단순화된다. 사냥부대는 소라 같은 의사소통 절차가 없다. 따라서 사냥 이야기를 할 때도 한 사람씩이 아니라, 여러 명이 중구난방으로 떠들어댄다. 대장인 잭은 소라 같은 약속된 절차에 따라 발언권을 얻는 것이 아니라 힘과 매력으로 다른 애들의 말을 끊고 발언한다.

소년들은 잭의 근시안적인 행동으로 인해 구조될 기회를 놓쳤지만, 한편으로는 멧돼지를 잡을 수 있었다. 서로 다른 세계에 살고 있는 랠프와 잭은 상대방의 입장을 이해할 수 없다. 불을 돌보겠다는 약속을 어긴 잭을 비난하는 랠프는 놓쳐버린 구조 기회만 아까운 것이 아니다. 영국에서는 당연하게 여긴 사회가 이 섬에서는 사라졌다는 사실이 안타까운 것이다. 잭은 이미 문명사회의 예의나 책임감 등에는 관심이 없으므로 양심의 가책을 느끼지 않지만 일단 사과를 건넨다. 본능적으로 랠프와의 긴장 관계를 끝내고 싶다는 정치적 판단을 내린 것이다. 잭이 사과하자 다른 아이들은 만족스러워한다. 그러나 잭의 사과가 엄청난 사태를 어물쩍 넘기려는 속임수임을 알고 있는 랠프는 몹시 분개한다. 잭은 집단에 커다란 피해를 입혔지만, 말로 랠프에게 이긴 셈이다.

사이먼이 피기에게 고기를 나눠주지 않는 잭을 비난한다. 잭은 자신이 소년들에게 고기를 먹이기 위해 했던 일을 전부 열거하고, 사냥꾼으로 변모하는 자신에 대해 이해를 구한다. 잭이 아이들을 둘러보지만 소년들은 그의 의도를 완전히 이해하지 못한다. 그러나 존경은 얻게 된다. 선동정치가는 존경만 얻으면 된다. 잭은 얼굴에 색칠을 하고 춤을 추면 문명사회의 제약을 더욱더 느끼지 않아도 된다는 것을 깨닫는다. 식사가 끝난 후 잭이 사냥대원들에게 얼굴에 칠을 하고 사냥춤을 추게 하자 결속력과 복종심이 더욱더 커진다.

랠프는 잭이 거둔 승리와 잭이 소년들에게 비치는 영향력을 부러워한다. 지금까지 랠프는 잭과 같은 결정적인 승리나 업적을 보여준 적이 없다. 랠프는 구조 등 외부의 힘에 의존하며, 원시의 섬과는 어울리지 않는 문명사회의 규약에 기초를 두고 행동하기 때문이다. 사냥대원들의 춤을 지켜보던 랠프가 즉시 회의를 소집하는 것은 소년들을 대석으로 불러 모으려는 것뿐만 아니라, 그 대석이 상징하는 문명사회로 돌아가도록 만들겠다는 의미다.

Chapter 5

 괴물은 인간의 마음속에

회의를 소집한 랠프는, 모두 식수를 길어오고, 주위환경을 깨끗이 하고, 숙소를 짓고, 봉홧불을 관리하기로 한 약속을 상기시키고는 소년들이 점점 무서워하고 있는 것에 대해 언급한다. 이것 때문에 공포에 질리기 시작한 아이들이 많으니, 회의석상에서 공개 토론을 하자는 것이다. 그러는 사이에 어둠이 깔리기 시작한다.

소라를 잡은 잭이 만약 섬에 괴물이 있다면 자신이 사냥을 할 때 보았을 것이라고 말한다. 피기는 삶이란 과학적이고 공포는 마음에서 오는 것이라며 공포의 대상은 실제로는 존재하지 않는다고 말한다. 꼬맹이 하나가 나서서 전날 밤에 밀림에서 커다란 동물을 보았다고 하자, 사이먼은 아마 자기였을 것이라고 밝힌다. 퍼시벌은 그 괴물이 바다에서 온 것인지도 모른다고 말한다.

사이먼은 인간의 본성에 내재해 있는 것이 소년들이 두려워하는 괴물일지도 모른다는 점을 설명하려고 한다. 그러나 제대로 설명을 하지 못하자, 결국 귀신 이야기로 발전한다. 랠프는 누가 귀신을 두려워하는지 투표를 한다. 이성적인 피기는 투표에 크게 화를 낸다. 잭도 반발한다. 이제 잭은 공공연히 랠프의 권위에 반기를 들며, 일종의 원시부족이 추는 춤을 추며 소년들을 해변으로 데리고 간다. 대석에 남아 있던 피기와 사이먼은 랠프에게 모두 대석으로 다시 불러 모으라고 재촉한다. 그러나 자

신감이 크게 흔들린 랠프가 거부한다. 세 소년은 기괴한 비명 소리에 깜짝 놀란다. 잠에서 깨어난 퍼시벌이 어둠 속에 혼자 있는 것을 알고 지른 비명이었다.

3장에서는 말을 통한 의사소통이 문명사회에서 담당하는 역할에 관한 문제가 언급되었다. 5장에서는 원시생활을 하게 되면 개념적인 사고를 할 수 있는 정신력이 거의 남지 않게 된다는 점을 시사한다. 랠프는 대석으로 가면서, 이런 점을 깨닫는다. "깨어 있는 시간을 대부분 발 디딜 곳을 살피면서 보내는 생활은 정말 피곤하네." 살아남느라 엄청난 힘을 쏟아 부어야 하기 때문에 개념적인 사고를 하거나 추상적인 논리를 생각해 볼 시간은 거의 없는 것이다.

주제 탐색 개념적인 사고 능력을 가장 많이 갖춘 소년은 피기와 사이먼이다. 피기는 신체적 결함 때문에 다른 소년들처럼 몸으로 하는 일에는 가담하지 않는다. 사이먼은 비밀 장소에서 혼자 명상을 즐긴다. 그곳에서는 다른 소년들에게 신경 쓰지 않고 자신만의 세계에 몰두할 수 있다. 그는 정말로 두려운 괴물은 인간의 본성이란 점을 깨닫는다.

사이먼의 비밀 장소에는 침묵이 흐르기 때문에 보고 느끼는 것에 대해 깊이 생각할 수 있다. 반면에 다른 소년들에게 침묵은 위협적인 존재다. 3장에서 잭은 사냥을 하는 동안 밀림의 침묵에 두려움을 느낀다. 5장에서 퍼시벌은 이름을 대라고 하자 침묵한다. 그러자 아이들은 거의 공격하듯이 이름을 대라고 한다. "퍼시벌의 침묵에 고통을 느낀 소년들은 '이름이 뭐야, 이름이 뭐야?' 하고 마치 노래하듯이 외치기 시작했다." 노래하듯 외치는 것은 원시사회의 풍습이지, 소년들의 고향이자 랠프가 회복시키려고 하는 문명사회의 풍습은 아니다.

랠프는 숙소를 짓고 다른 아이들을 보살피느라 점점 지쳐간다. 구조에 대한 확신도 점점 사라지고, 신나게 놀고 모험을 즐길 수 있게 되었다는 해방감도 희미해지고 있다. 문명사회를 대표하는 랠프는 잭의 야수성도 없고, 피기처럼 머리도 좋지 않다. 랠프는 공동 문제를 해결하기 위해 사회가 지닌 지적 능력을 동원하려고 애쓰는 전형적인 지도자의 모습을 보여주고 있다. 그런데 이러한 조직력과 통솔력이 약해지고 있다. 랠프는 회의를 주재해서 안건을 처리하려고 노력하지만, 소년들은 웃고 떠들며, 괴성을 지를 뿐이다. 뿐만 아니라, 3장에서의 잭처럼 이번에는 랠프가 자신의 감정과 사고를 표현할 말을 찾지 못해 망연자실하고 있다. 이렇게 말로 명령을 내리지 못하게 된 것은 랠프에게도 소년들의 사회에도 좋지 않은 징조다. 랠프가 가진 권위는 말을 통한 의사소통과 신중한 토론에서 나오는 결정체다. 원시생활을 하느라 옷이 헤지기 시작하는 것처럼 랠프의 지적 능력도 닳기 시작한다.

 그러나 구조 기회를 놓치는 위기를 겪은 후 대석으로 걸어오는 동안 새로운 관념들이 랠프의 머리에 연달아 스친다. 전과는 비교할 수 없을 정도로 추상적이고도 개념적인 생각에 몰두하는 것이다. 지도자가 누리는 멋진 생활이 불가능하다고 느낀 그는 어른들이 젊었을 때 가지고 있던 이상을 냉소적으로 돌아보듯 '냉소적인 미소를 짓는다'. 랠프는 순진한 심성을 빠른 속도로 잃어가고 있다. 대신 문명사회에서는 느끼지 못했던 자연적인 과정에 대해 깨닫는다. "랠프는 사고가 급격히 꿈틀대는 과정을 겪으며 이 세상의 더러움과 부패를 발견했고, 그것을 향해 걸어가기 시작했다."

대석에 도착한 랠프는 더욱 많은 것을 깨닫게 된다. 소년들이 앉아 있는 통나무는 불안정해서 아이들이 자꾸 튕겨나간다. 그러나 통나무에 돌을 고이면 간단히 해결될 문제를 아이들은 그대로 있으려고 한다. 해가 지자 주위가 전혀 달라 보인다. 랠프는 이곳의 진짜 모습은 무엇인지 의아해지고, 갑자기 똑똑한 피기의 가치와 재능을 인정하게 된다. 동시에 "피기는 지도자 감이 못 된다"는 점도 깨닫는다. 사람을 압도하는 힘이 없어서 대중의 인기를 끌지 못한다는 점을 직관적으로 이해하는 것이다.

 지금까지 랠프는 직관과 카리스마로 소년 집단을 통솔했다. 그러나 이제는 "대장이 되려면 생각할 줄 알고, 현명하게 행동할 줄 알아야 되는 거야. 생각은 아주 중요해.

생각을 해야 결과가 나오거든. 나는 피기처럼 생각할 능력이 없어"라고 자기를 돌아본다. 이런 사고 과정은 2장에서 산불을 낸 아이들에게 피기가, "제대로 행동을 하지도 않고, 어떻게 구조되기를 바라니?" 하고 묻는 것과 맥을 같이 한다. 피기 생각은 원인과 결과를 연관 짓는 논리인데, 이런 논리가 감정에 좌우되는 집단에는 결여되어 있는 것이다.

사냥 능력을 가진 잭이 현재의 환경에서는 랠프보다 점점 더 소년들에게 설득력을 가지게 된다. 원시적이고, 천박하고, 본능이 지배하는 환경에서는 공격적이고 자신만만한 전투적인 성향이 점점 매력적으로 비치는 것이다. 반면에 랠프의 천성적인 낙관주의, 상식, 정치적 지도력은 점점 그 매력을 잃어간다.

사고에 관해 새롭게 깨달은 랠프는 논리에 너무 의존하게 된다. 랠프가 소년들이 느끼는 공포에 대해 하나씩 이성적으로 접근해 들어가는 사이에 어둠이 깔리고 소년들은 안절부절못한다. 그러나 랠프는 마치 공포란 토론을 통해 사라질 수 있는 것처럼, "우리는 이 공포에 대해 알고 있어야 하고, 무언가가 잘못 되면 그걸 바로잡을 사람이 있어야 해"라고 말한다. 문명사회의 두뇌를 대표하는 피기는, "사람이 산다는 것은 과학적인 거야"라고 극히 이성적으로 접근한다. 20세기에 발명된 심리학으로 두려움이란 감정적인 병은 고칠 수 있다는 것이다. 인간이 곧 화성에 갈 수 있다는 피기의 말은 인간의 기술에 대한 확신과 그것에서 위안을 찾고 있음을 나타낸다.

그러나 소년들에게 가장 위안을 주는 사람은 바로 잭이다. 잭은 공포심은 꿈처럼 해가 없는 것이라고 말하며, 밀림에 두려워할 만한 동물은 없다고 단언한다. 잭에게 동물의 발자국을 뒤쫓는 능력이 있다는 것은 이제 부정할 수 없는 사실이기 때문에 "소년들은 잭의 말에 안도하며 박수갈채를 보냈다." 잭은 자신도 두려울 때가 있지만, 동물을 두려워하면 안 된다며, "너희들도 우리들처럼 두려움을 참고 견뎌야 되는 거야"라고 단언하자, 소년들은 만족스러워한다.

랠프는 잃어버린 구조 기회를 언급하면서, 봉홧불은 요리에만 쓰고 해변에 쓸데없이 불을 놓는 데 사용해서는 안 된다고 말하며 덧붙인다. "너희들은 나를 대장으로 뽑았어. 그러니까 내가 시키는 대로 해야 해." 그는 구성원의 의무에 관해 말하고 있지만 그들의 협력을 이끌어내는 것은 이성적인 과정이면서 감정적인 행위다. 대중의 인기는 어떤 지도자가 자신들에게 가장 많은 혜택을 많이 주었느냐에 따라 결정되지 않는 경우가 많다. 최근에 누가 가장 많이 혜택을 주었느냐에 따라 좌우되는 것이다. 이미 랠프의 권위는 그 기반을 잃어가고 있다. 잭은 사냥에 성공해서 고기를 먹게 해주었으며, 사냥이라는 모험과 극적인 흥분을 가져다주었다.

회의가 끝난 후 랠프, 피기, 사이먼은 어른들이라면 이 섬에서 직면한 문제들을 해결할 수 있을 것이라고 생각한다.

"어른들은 이런 문제에 대해 잘 알거든. 어둠도 두려워하지 않아. 서로 모여서 차를 마시며 토론할 거야. 그러면 만사 해결되는 거지." 랠프는 토론이란 수단을 통해 어른들의 세계를 따르려고 했지만, 신념을 잃어버리고 있다. 이제는 소년들이 잭에게 이끌려가는 것을 보아도 속수무책이다.

피기는 논리와 과학을 대표하는 아이다. 그는 천식 때문에 자리에 누워 생활하는 동안 인간의 본성에 대해 깊이 생각했다. 그에게는 자신의 침대가 사이먼의 비밀 장소에 해당하는 셈이다. 피기가 생각하는 두려움은, 인간의 어두운 본성에 관한 지식에 뿌리를 둔 관념이라기보다는 힘이 세고 공격적인 소년들을 두려워하는 보다 실질적인 개념이다.

사이먼은 기절하는 때가 있으며, 피기를 옹호하고, 밀림에 비밀 장소를 갖고 있는 등, 다른 아이들과 다르다. 이렇게 유별나다는 점에서는 피기와 비슷하다. 나중에는 앞일을 내다보는 능력이 있다는 것도 밝혀진다. 그러나 다른 아이들은 이런 사이먼을 이해하지 못하기 때문에 두려워한다. 꼬맹이들이 밤에 밀림에서 본 것은 자신이라고 밝히자, 소년들은 사이먼을 비난할 수 있는 구체적인 이유를 갖게 된 셈이다. 잭은 사이먼을 비웃는데, 그 '웃음에는 두려움과 비난이 섞여 있었다'.

두려움을 떨쳐버릴 수 없는 소년들은 사이먼을 희생양으로 삼는다. 사이먼이 묻는다. "이 세상에서 가장 더러운 것은 뭐니?" 사이먼은 소년들이 대답하기에는 너무나 추상적인 '악'을 답으로 기대하고 있다. 그러나 잭은 구체적이고 단순한 답을 제시한다. 열 살에 불과한 사이먼은 자기 생각을 정확하게 표현하지 못한다. 사이먼이 '인류의 가장 본질적인 질병'이라고 느낀 것을 제대로 표현하지 못하는 것은, 잭이 '짐승의 발자국을 따라가 죽이고 싶은 엄청난 욕구'를 뚜렷하게 표현하지 못하는 것과 표리의 관계에 있다. 두 소년이 표현하고 싶은 것은 똑같다. 사이먼은 인간의 야수성을 추상적으로 이해했지만, 잭은 그 야수성을 발휘하고 싶은 것이다. 나중에 잭은 소년들의 야수성에 불을 지피고, 사이먼은 광란의 소용돌이 속에서 살해당한다.

Chapter 6

 하늘에서 내려온 괴물

회의가 끝난 후에 소년들은 모두 잠이 든다. 소년들의 머리 위에서는 공중전이 벌어지고 있다. 전투에서 사망한 군인의 시체가 낙하산에 매달려 섬으로 떨어진다. 시체는 바람에 이끌려 산꼭대기로 오게 된다. 어쩌다 미풍이 불어 낙하산이 펴지면 시체는 마치 앉았다가 다시 앞으로 고꾸라지는 것처럼 보인다. 산에서 봉홧불을 돌보던 샘너릭 형제는 시체가 움직이는 것을 흘끗 보게 되고, 낙하산이 펼쳐지는 소리도 듣는다. 공포에 질린 형제는 랠프에게 달려가서 보고 들은 것에 대해 말하는데, 그 이야기는 공포로 인해 부풀려진다.

새벽에 회의를 소집한 랠프는 섬의 한쪽 끝에 바위가 성처럼 모여 있는 곳을 살펴보기로 한다. 섬에서 소년들이 아직 조사하시 잃은 지역은 그곳밖에는 없다. 피기와 꼬맹이들을 해변에 남겨두고, 랠프를 비롯한 다른 아이들은 성으로 간다. 랠프가 제일 먼저 혼자 살펴보러 가고, 몇 분 후에 잭이 뒤따른다. 두 소년이 괴물이 없다는 것을 확인하자, 나머지 아이들도 성으로 와서는 한동안 놀고 싶어한다. 랠프가 모두 봉홧불을 보러 가야 된다고 하자, 소년들은 저항한다. 그러나 랠프가 계속 고집하자, 잭이 소년들을 데리고 봉홧불 터로 향한다.

　　6장은 불길한 사태를 예고하는 듯 시작되고 끝날 때도 마찬가지다. 이 장의 첫머리에 등장하는 공중전은 소년들이 대부분 돌아가고 싶어하는 세계에서는 여전히 전쟁이 계속되고 있다는 것을 알려준다. 5장의 끝부분에서 랠프, 피기, 사이먼은 어른들이라면 자신들이 처한 사태를 쉽고, 품위 있게 잘 처리할 것이라고 말했다. 그러나 그날 밤 '어른들의 세계에서 내려온 신호'는 소년들을 더욱 두려움에 떨게 만들며, 사태를 악화시킨다. 샘너릭 형제가 괴물이 실제로 존재한다고 확실하게 설명하자, 소년들은 본능적으로 공격적인 자세를 취한다. "소년들이 그리고 있는 원은 변하기 시작했다. 안쪽이 아니라 바깥쪽으로 향했던 것이다. 나무를 깎아 만든 창은 마치 울타리 같았다."

이 장의 주제는 공포가 미치는 영향에 관한 것이다. 샘너릭 형제는 단순히 뭔가가 움직이는 것을 보고 낙하산이 내는 소리를 들었을 뿐이지만, 두려움에 떠는 그들은 괴물이 자신들을 쫓아내려왔다고 전한다. 도저히 보았을 리가 없는 괴물의 눈, 이빨까지 보았다고 말한다. 랠프가 같이 조사를 왔던 아이들에게 봉홧불을 살펴보러 가자고 하자, 지금 있는 곳이 안전하다고 생각한 소년들은 처음으로 단합해서 랠프의 권위에 반항하고 싶은 충동을 느낀다.

공포는 지도력을 시험하는 리트머스 용지 같은 역할을 한다. 공포에 직면하자 피기와 잭은 현실적으로 가능하지 않은 안을 내놓지만, 랠프는 조심스럽고도 신중하게 소년들을 이끌려고 한다. 피기는 행동반경을 대석으로 제한하자고 하고, 잭은 달려가서 괴물을 잡아 쓰러뜨리자고 한다. 생각의 중요성을 알고 있는 랠프는 두 사람의 의견에 우려를 표시한다. "생각 좀 해보자." 괴물은 멧돼지처럼 흔적을 남기지 않기 때문에 사냥해서 잡을 수 없다. 만약 발자국을 남긴다면 벌써 잭의 눈에 띄었을 것이다. 항상 대석에서만 생활하는 것도 불가능하다. 불도 없고, 음식도 없고, 공간도 부족하기 때문이다. 이런 점을 지적하는 랠프는 잭의 도전에도 불구하고 소년들에게 계속 구조 희망에 관심을 갖도록 만든다.

잭의 내부에 잠재하던 독재자의 성향이 공포로 인해 밖으로 표출된다. 잭은 이 사태를 해결하는 것은 '사냥부대의 일'이기 때문에 랠프는 대장 자격이 없다고 하면서, 자신이 집단을 통솔하려고 한다. 그리고 꼬맹이들은 아무도 돌보는 사람 없이 그냥 대석에 내버려두고 다른 소년들은 모두 사냥을 하러 가자고 재촉한다. 잭이 무력하거나 약한 사람들에게 전혀 관심이나 자비를 베풀지 않는다는 사실이 또다시 확인된 셈이다. 사실 독재자는 이용가치가 있거나 아첨하는 사람에게만 가치를 두며, 그렇지 않는 사람의 입은 막아버린다. "우리는 이제 소라 같은 것은 필요 없어. 누구에게 발언권이 있는지 잘 알고 있으니까. 사이먼 같은 애가 발언해 봐야 무슨 소용이 있었냐구?"

그러나 잭이 밀림에서 자신을 감시하고 있다고 느낀 그 괴물의 본질을 꿰뚫어보는 소년은 사이먼밖에 없다. 샘너릭 형제가 발견했다고 하는 동물처럼 생긴 괴물의 모습을 곰곰이 생각해 본 사이먼은 앞뒤가 맞지 않는다는 결론을 내린다. 그 괴물이 날개와 독수리 같은 발톱이 있다면 왜 샘너릭 형제를 따라와 잡지 못했는가? 사이먼이 그 괴물의 형상을 구체적으로 그려보자, '머릿속에는 영웅적이면서도 병적인 인간의 모습이 떠올랐다'. 그것은 바로 골딩이 파악하고 있는, 사악한 본성으로 병이 든 인간의 모습이다. 골딩은 인간 사회의 주류에 속하지 않는 사이먼에게 이런 사실을 깨달을 수 있는 능력을 주었다. 이것은, 앞일을 내다보는 사람이나 신비주의자는 항상 인간 사회의 변두리에 위치하고 있으며, 사람들은 이런 국외자를 이해하지 못하고 두려워하거나 경시하는 경우가 많다는 것을 나타낸다. 사이먼은 전날 밤에도 자신의 능력을 다른 소년들에게 이해시키지 못했다. 생각과 지혜가 중요하다는 점을 새삼 깨달은 랠프도 사이먼의 가치를 알아보지 못한다.

랠프에게는 보다 절박한 문제가 있다. 지도자로서 소년들을 이끌고 아직 가보지 않은, 바위가 성처럼 놓인 곳을 살펴봐야 하는 것이다. 처음에는 랠프도 무서워서 그런 것은 '사냥부대의 일'이라고 선언했던 잭에게 그 말을 실천에 옮기라면서 먼저 가라고 한다. 그러나 책임감이 강한 랠프는 결국 혼자 절벽을 돌아서 간다. 그는 문명세계에서 받은 교육 덕분에 이런 긴장된 순간에도 예의를 잊지 않는다.

막 절벽을 돌아가려고 하는 순간에 사이먼이 괴물 같은 것은 믿지 않는다고 말한다. 랠프는 마치 날씨 얘기에 대답하듯이, "그래, 나도 믿지 않아"라고 공손하게 말한다. 영국 문화권에서는 감정이 격해지는 때 자제력을 발휘하는 사람을 높이 평가하는 경향이 있다. 그런 면에서 랠프는 신사다. 또한 이렇게 조용하게 대답하는 것은 이성을 존중한다는 것을 나타낸다.

랠프는 성으로 가는 도중에 괴물을 실제로 만나리라고

는 예상하지도 않고, 또 만난다면 어떻게 해야 하는지도 전혀 모르고 있다는 사실을 깨닫고는 놀란다. 이것은 아무리 어려운 상황에 닥쳐도 침착성을 유지하고 현실적으로 생각할 수 있는 능력이 있다는 것을 나타낸다. 아침 회의 때도 잭과 대결했지만, 침착하게 대응해서 권위를 지킬 수 있었다. 이렇게 공포가 고조되는 순간에도 구조 희망을 포기하지 않는 랠프의 태도가 사냥을 하지 못해 안달하는 잭보다 소년들에게 더 호감을 주었던 것이다.

랠프가 지도자의 자리에 수반되는 의무와 책임감을 느끼고 혼자 성으로 접근하자, 잭이 따라오며, "널 혼자 가게 내버려둘 수가 없었어"라고 말한다. 랠프를 걱정해서가 아니라, 공을 독차지하게 내버려둘 수 없는 것이다. 잭은 바위가 성처럼 놓여 있는 곳을 보자마자, 성채 놀이를 하기에 아주 안성맞춤이고, 여기저기 널린 자갈은 무기로 사용하기에 좋겠다고 말한다. 그러나 랠프는 불을 다시 피우러 봉홧불 터로 가자고 한다. 소년들은 랠프의 명령에 따르기보다는 성채에서 놀면서 그대로 있는 것이 더 안전하다고 느낀다.

이제 소년들은 랠프를 좋아했다가 이내 잭을 더 좋아하는 등 더욱 자주 변덕을 부린다. 잭이 사냥에 성공하자, 소년들 눈에는 랠프가 영국에서 흔히 볼 수 있는 옹고집 영감처럼 보이기 시작한다. 랠프가 봉홧불을 꺼뜨린 것에 대해 샘너릭 형제에게 화를 낸다. 그 모습에 소년들은 랠프가 교사 같다며 흉내를 낸다. 자신들이 의무를 소홀히 해서 봉홧불이 꺼졌고, 구조 기회를 놓쳤기 때문에 화를 냈는데도, 랠프를 비웃는 것이다. 아마도 죄책감을 없애려고 비웃는 것이리라.

Chapter 7

 ## 광란으로 변한 사냥놀이

산으로 올라가는 길에 랠프는 깨끗하게 몸을 씻고 몸단장을 하고 살았으면 좋겠다는 환상 같은 생각에 몰입한다. 소년들의 지저분한 몸과 옷차림에 마음이 무거워져 거대한 바다를 바라보던 그는 구출 가능성이 너무나 희박하다는 사실을 깨닫는다. 사이먼이 옆으로 다가와 마치 마음을 읽기라도 하듯, 랠프는 집으로 돌아갈 것이라고 예언한다.

잭은 멧돼지 사냥을 지휘하다 약간 부상을 입는다. 랠프는 멧돼지의 주둥이를 창으로 찌르며, 처음으로 사냥의 재미를 맛본다. 멧돼지가 도망가자 소년들은 사냥놀이를 하고, 놀이는 걷잡을 수 없는 광란으로 변해 멧돼지 역할을 하던 소년이 다친다. 랠프는 소년들에게 다시 길로 접어들라고 촉구하지만, 길이 험해 발걸음을 옮기기가 어려워진다. 사이먼이 섬을 가로질러 가서 다른 소년들이 어두워져야 돌아올 수 있다는 것을 피기에게 알려주겠다고 나선다.

어둠이 깔릴 때 소년들은 산 밑으로 내려온다. 잭은 자신의 용감함을 자랑한다. 이에 자극을 받은 랠프와 로저는 잭과 함께 계속 괴물을 찾기로 하고, 나머지 소년들은 대석으로 돌아간다. 세 소년이 불에 탄 곳에 오자, 잭의 놀림에 짜증이 난 랠프가 그렇다면 혼자 갔다 오라고 잭에게 도전적으로 말한다. 산꼭대기로 갔던 잭이 혼비백산해서 돌아온다. 로저와 랠프도 조사하러 가지만 마찬가지로 괴물의 모습에 공포를 느낀다. 산들

바람에 낙하산이 펴지면 죽은 공수부대원은 마치 살아 숨쉬는 유인원처럼 소년들에게 눈길을 돌리고 있는 것처럼 보인다. 세 소년은 모두 어둠 속에서 대석으로 도망친다.

　　7장에서 랠프는 감정적으로나 심리적으로나 큰 변화를 겪는다. 자진해서 멧돼지 사냥에 합류한 그는 너무 신나고 들뜬 감정의 변화를 맛보게 되는 것이다. "내가 찔렀어! 멧돼지가 창에 찔렸단 말야!" 잭을 비롯한 사냥대원들도 이런 감정을 느꼈고, 잭이 소년들에게 인기를 끄는 것은 바로 이처럼 신나는 느낌을 맛보게 해주기 때문이다. 지금까지 랠프는 자신 안에 사냥으로 짐승을 죽이고 싶어하는 본능이 있는지 깨닫지 못했다. 이런 감정을 경험한 랠프는 잭을 이해하게 된다. 랠프의 인간성이 무너지고, 잠재해 있던 야수성이 눈을 뜬 것이다.

　　이렇게 되자 처음으로 랠프는 잭과 경쟁할 것이 아니라 그를 이용할 수도 있었다는 것을 깨닫는다. 지금 산으로 가고 있는 길이 몹시 힘이 드는 랠프는 잭에게 사냥하면서 알게 된 다른 길이 있으면 말해 보라고 한다. 그러나 잭이 협조보다는 계속 경쟁하려고 하자, 잭은 자신이 대장 노릇을 하지 않으면 공격적이 된다는 것을 알게 된다.

　　잭은 랠프가 지도력을 발휘하는 상황이 되면 더욱 공격적이 된다. 랠프가 잭에게 대놓고 묻는다. "왜 나를 미워하니?" 잭은 대답이 없다. 다른 소년들은 '해서는 안 되는 말을 했다'는 반응을 보인다. 소년들은 랠프가 적대감을 표출하는 수문을 열었다고 느끼는 것이다. 그러나 상황이 더욱 악화되어 대결 국면으로 치달으면서 예의와 희망의 상징인 랠프가 '먼저 고개를 돌린다'.

7장을 통틀어 랠프는 긴장이 되는 데도 불구하고 사태를 현실적으로 파악하고 침착성을 유지해 자신도 놀랄 정도다. 멧돼지를 찔렀다는 자부심에도 불구하고 랠프는 곧 나무 막대기를 창으로 삼아 들고 있는 소년들이 힘이 센 커다란 동물의 적수가 되지 못한다는 사실을 깨닫는다. 잭이 사냥 부대에게 도망친 멧돼지를 쫓아가라고 하자, 랠프는 "멧돼지가 우리를 죽일 거야!"라며 반대한다. 그러자 혼자 쫓아갔던 잭이 부상을 입는다. 나중에 랠프는 잭과 함께 어둠 속에서 괴물을 찾아 산으로 오르고 있다는 것을 깨닫고는 충격을 받는다. 잭이 계속 놀리지만 침착하게 대응한다. 6장에서 바위가 성채처럼 놓인 곳으로 갈 때도 랠프는 침착성을 발휘했다.

침착한 랠프이지만, 잭과 경쟁하지 않을 수 없다. 피에 굶주린 소년들은 이런 광경을 보고 기뻐한다. 잭이 밤에 랠프에게 괴물을 찾으러 가자고 하자 소년들은 어둠 속에서 둘이 또 충돌하는 것을 재미있게 지켜본다. 소년들은 갈등이 일어나 싸우는 것을 보고 싶은 욕망을 드러낸다. 이런 모습은 랠프와 잭의 갈등에서 뿐만 아니라, 로버트를 미친 듯이 공격하는 데서도 드러난다. 처음에 로버트와 랠프가 장난으로 시작한 놀이는 소년들의 재미있는 사냥놀이라기보다는 괴물의 발광으로 보아야 한다.

주제
탐색 4장에서 헨리가 해변의 물웅덩이에 갇힌 투명한 생명체를 지배하려고 하는 충동이나 7장에서 소년들이 멧돼지 역할을 하는 로버트에게 고통을 가하고 싶은 충동이나 모두 지배 욕구라고 할 수 있다. 소년들은 이해도 되지 않고 인정하려고도 하지 않는 이 거대한 힘에 지배당하고 있다. 사냥놀이의 피해자인 로버트도 소년들을 지배하는 이 힘에 대해 이해하지 못한다. 위험을 겨우 모면한 로버트는 다음에는 진짜 멧돼지를 가지고 사냥놀이를 하자고 한다. 그래야 멧돼지를 정말로 죽일 수 있다는 것이다. 로버트는 자신이 죽을 뻔했다는 것을 대수롭지 않게 말한다. 나중에 소년들은 사냥놀이를 또 하게 되는데, 그때는 사이먼이 목숨을 잃는다.

랠프는 사냥놀이에서 로버트가 죽을 뻔했던 일을 애써 별 것 아니라고 생각하고 싶어한다. 소년들이 로버트를 때린 것은 공격적인 성향을 분출하는 게임이라는 것이다. "그냥 게임이야. 나도 럭비하다 아주 심하게 다친 적이 있어." 모리스는 북을 치고 불을 피워, '제대로' 춤을 추자고 한다. 그러나 자신도 왜 그래야 되는지 잘 모르고 있다. 아마도 그는 원시부족들의 희생 의식을 재현하고자 하는 소년들의 원시적인 충동을 대변하고 있는지도 모른다. 로버트와 로저는 이 게임을 제대로 하자면 멧돼지가 필요하다고 지적한다. 무엇인가가 죽어야 이 게임이 그럴 듯하게 끝난다는 것을 깨닫는 것이다. 그러나 잭은 멧돼지처럼 분장한 사람을 찾고 있다. 잭도 결국에는 이 게임은 피를 봐야 한다는 것을 무의식적으로 느끼는 것이다. 그리고는 진짜 독재자처럼, 가장 약하고 자신이 보기에는 가장 쓸모가 없는 꼬맹이들 중에서 고르자고 한다.

사이먼이 혼자만의 환경이 필요한 아이라는 점을 안다면, 자진해서 피기에게 랠프의 말을 전하겠다고 나서는 것이 별로 놀랄 일도 아니다. 그러나 이렇게 혼자 있고 싶어하는 사이먼을 다른 아이들은 이상하게 생각한다. 독자들은 신비주의자인 사이먼의 능력을 7장에서도 볼 수 있다. 랠프가 망망대해를 하염없이 보고 있자, 마치 마음을 읽은 것처럼, "너는 네가 있던 곳으로 돌아가게 될 거야"라고 말한다. 그러나 랠프는 다른 아이들의 생각과 똑같은 말을 할 뿐이다. "넌 좀 이상해"라고. 사이먼은 다시 랠프는 돌아갈 수 있다고 힘주어 말한다. 사이먼이 '우리들'이 아니라 '너는'이라고 말하는 점에 주목하자. 사이먼 자신은 돌아갈 수 없다는 것을 알고 있는지도 모르지만 랠프는 이런 말에 신경 쓸 겨를이 없나. 다만 위안을 얻을 뿐이다.

랠프는 7장을 통틀어 집이라는 이미지에서 위안을 얻고 있다. 목욕을 하고, 단정하게 몸단장을 하는 환상에 빠지는 것이다. 조랑말, 시리얼, 크림, 동화책 등 집에서 보냈던 평화로운 생활에 관한 것들을 회상하기도 한다. 신나는 모험을 마음껏 즐길 수 있다고 느꼈던 섬의 첫날과는 엄청나게 다른 시각을 갖게 된 것이다. 완전히 더러워진 소년들의 모습은 예전에 고향에서 진흙탕에 빠져 엉망진창이 된 아이들과는 본질적으로 다르다. 그때는 따뜻한 물에 목욕을 하면 몸에 묻은 오물은 금방 씻겨졌다. 그러나 지금 소년들에게 묻은 오물은 어두워진 영혼이 겉으로 드러난 것이다. 내면의 악이 바깥으로 표출된 것이다.

랠프는 이제 익히 알고 있었던 것들에서 위안을 찾으려고 한다. 그러나 그가 염원하는 고향이란 한낱 신기루에 불과하다. 랠프는 고향이란 옳은 일만 일어나고 사람들은 모두 친절하고 따뜻하다고 회상하지만, 사실은 이 섬의 소년들을 지배하고 있는 인간의 약점들이 핵전쟁이란 현실로 적나라하게 드러나고 있는 곳이란 점을 독자들은 알게 된다. 랠프는 거대한 망망대해를 보면서, 구조되어 문명사회로 돌아갈 수 있다는 희망은 신기루 같다는 것을 느낀다.

랠프의 머릿속에 있는 문명사회의 이미지는 문명사회의 목소리라고 할 수 있다. 그것은 로저가 헨리에게 돌을 던졌을 때 일부러 빗나게 던지도록 한 그 목소리와 비슷하며, 랠프가 어리석게도 잭의 부추김에 못 이겨 나무로 만든 창을 들고 어둠 속에서 괴물을 찾으러 나갈 때 피기가 꾸짖는 목소리와 같은 것이다. 이런 문명사회의 목소리와 대치되는 것은 어둠 속에서 자신의 어깨를 짓누르는 것 같은 악의 목소리다. 이 목소리는 빈정대듯 잭의 입을 통해 말한다. "네가 가고 싶지 않다면 나 혼자 가겠어." 이런 장면을 통해 골딩은 소년들을 감싸고 있는 절대적인 암흑뿐만 아니라 잭이 대변하는 악을 강조하고 있다. 잭은 '암흑 속의 반점'이다. 잭이 떠나자 '그 반점은 사라지고, 다른 반점이 그 자리를 대신했다'.

또 다른 반점은 로저이다. 다른 소년들은 안전한 해변으로 가지만, 로저는 랠프와 잭과 함께 행동한다. 로저는 헨리에게 돌을 던지는 등 이미 비열한 성품을 드러냈다. 소년들이 로버트를 때릴 때 자신도 때리려고 가까이 가기 위해 싸울 정도였다. 두 번째로 산으로 올라갈 때 영적이고 신비한 사이먼 대신 사악하고 가학적인 로저가 가담하는 것은 중요한 상징적 의미를 갖는다. 소년들이 원시적이고 야만적인 본성으로 퇴화하고 있음을 나타내는 것이다. 후에 로저는 잭보다 더 가학적이라는 것이 드러난다.

공수대원의 시체와 맞닥뜨리자 로저도 랠프나 잭처럼 공포에 압도당한다. 소년들은 전사한 군인이 사람을 잡아먹는 살아 있는 괴물이라고 여기고 두려워하는 것이다. 그러나 이 시체는 이 섬을 집어삼키는 야수성을 이끌어내는 촉매제에 불과하다. 사냥대원들의 영혼을 감염시키는 피에 대한 굶주림에 휩쓸리고 있다는 것을 느끼는 랠프는 용기를 일깨우는 증오를 맛본다. 그는 '공포와 혐오감을 이 증오에 불어넣어' 괴물을 조사하러 다가간다. '유인원처럼 생긴 괴물의 일그러진 얼굴'은 사악한 본능으로 찌그러진 소년들의 얼굴이다.

Chapter 8

암흑에 바치는 제물

잭도 괴물의 공격을 받으면 숨을 것이라고 랠프가 피기에게 말하자 잭은 화를 낸다. 잭은 그 보복으로 다른 소년들에게 랠프를 탄핵하자고 선동하며, 전에 없이 강하게 반발한다. 소년들이 랠프에게 반항하기를 꺼리자, 잭은 랠프의 밑에 있지 않겠다고 선언하며 밀림 안으로 들어간다.

사이먼은 모두 산정으로 가서 무엇이 있는지 직접 보자고 하지만, 아무도 가려고 하지 않는다. 잭이 사라져서 다행이라고 생각하는 피기는 봉홧불을 해변에다 피우면 산위로 올라갈 필요가 없지 않겠느냐고 말한다. 모두들 나무를 모으고 있는 도중에 큰 아이들은 대부분 슬금슬금 잭에게 합류한다. 사이먼도 사라진다. 소년들을 설득하는 데 실패하자, 밀림에 있는 비밀 장소로 가서 쉬려는 것이다. 피기는 안경을 이용해 불을 지핀다.

한편, 잭은 또다시 사냥에 성공한다. 이번에는 새끼에게 젖을 먹이고 있는 암퇘지를 공격해 죽여서는 그 머리를 막대기에 꽂아 괴물에게 제물로 바친다. 그런데 우연히 혼자 숨어 있던 사이먼의 눈에 환히 보이는 장소에 그 멧돼지 머리가 있게 된다. 사이먼은 그 머리가 자신에게 말을 하는 것 같은 환상에 빠져 있다가 결국은 의식을 잃는다.

멧돼지 구울 불을 구하려고 해변의 봉홧불에서 불붙은 가지를 훔치려던 잭은 랠프 휘하의 소년들을 자기 쪽으로 끌어들이려고 고기를 먹으러 오라고 초대한다. 랠프는 소년들을 자기편에 묶어두려고 한다. 그러나

구조되는 것이 중요하다는 말을 하는 도중에 생각의 실마리를 잃어버리자 소년들은 순간 랠프를 의아하게 생각한다.

잭도 괴물이 공격하면 숨을 것이라고 랠프가 피기에게 한 말은 현실을 직시한 것이다. 사실 전날 밤에 공수대원의 시체를 보자 잭도 다른 두 소년들처럼 공포에 떨었다. 그러나 자신에 대한 현실적인 평가를 받아들일 수 없는 잭은 방어책으로, "랠프는 우리에게 고기를 먹여준 적이 없어"라며 마치 사냥 기술이 유능한 지도자의 자질인 양 랠프의 탄핵 이유를 설명하고, "랠프는 반장도 아니었고, 이 애에 관해서 아무것도 모르잖아"라고 하자, 소년들은 랠프에 대해 의문을 품기 시작한다.

잭은 더 나아가 랠프가 어떤 결과를 만들어내는 것이 아니라 말만 하는 사람이라고 비난한다. 랠프는 벌써부터 말장난에 신물이 나 있는 상태다. 자신들이 처한 상황에서 그런 말재주는 아무 필요가 없다고 생각하는 랠프는 소년들에게 "말뿐이야, 그저 말뿐이라구"라며 입맛이 쓰다는 어조로 말한다.

대놓고 랠프의 탄핵 투표에 참가하기를 꺼리던 소년들은 슬그머니 잭의 편에 합류하고는, 원시부족이 전쟁에 나갈 때처럼 몸에다 칠을 한 후 돌아온다. 이렇게 몸에 칠을 하면

해방감을 맛보게 된다. 잭은 해방감에 도취된 나머지, 옷을 모두 벗고 몸에 칠만 한 채 칼을 들고 랠프의 편에 있던 소년들을 초대하러 나타난다. 이것은 거추장스러운 문명사회의 겉치레를 모두 벗어던졌다는 것을 상징한다. "잭은 몸에다 칠한 물감 뒤에 숨어 수치심이나 자의식을 느끼지 않게 되었다."

인물탐색 잭은 책이나 영화에서 본 것처럼 아주 근사한 의식을 올리며 추장이 되고 싶어한다. 랠프의 편에 있던 소년들과 얘기를 한 그는 모리스와 로버트에게 기괴한 의식을 거행하도록 한다. 잭은 이런 과정을 거치면서 자신이 괴물 역할을 하고 있다는 것을 전혀 모른다. 동굴에 살면서 수렵하던 원시인처럼 사냥을 하고, 얼굴에 물감을 칠하고, 가슴을 두드리는 잭은 구조의 필요성을 느끼지 못하고, 봉홧불을 피울 필요가 없다며 소년들을 유혹한다. "그래, 괴물은 사냥꾼이야." 그러나 사냥꾼이 괴물일지도 모른다는 생각은 조금도 하지 못한다.

주제탐색 힘이 세고 공격적인 멧돼지를 잡다가 부상을 당했던 잭은 이번에는 새끼에게 젖을 먹이고 있어 방어 능력이 없는 암퇘지를 노린다. 이는 비겁하고 잔인한 행동의 극치다. 암퇘지가 죽어 도륙당하는 것은 악의 승리를 나타내며, 이 소설의 클라이맥스에 해당한다. 잭이 약한 암퇘지를 고른 것은 랠프의 축출 실패에서 기인한 것으로 볼 수 있으며, 잭의 다음 행동을 암시한다. 랠프를 몰아내지 못해 타격을 받은 잭은, 방어 능력이 없는 피기와 사이먼을 죽여 랠프에게 패배를 안겨

준다.

　　목소리는 악의 도구이기도 하다. 전에 잭의 목소리는 마치 암흑 속에서 들리는 악마의 목소리 같았다. 골딩은 사냥꾼으로 변한 성가대원들이 '문명사회에서는 천사의 목소리였다'는 점을 지적한다. 지금 이들은 어미 멧돼지를 죽여 그 머리를 막대기에 꽂아 괴물에게 바친다. 그러는 동안, "침묵이 이 제물을 받아들인다."

　　암퇘지의 머리가 사이먼에게 남자의 목소리로 말을 하는데, 이것이 파리대왕이다. 그런데 피기와 파리대왕은 똑같은 질문에, 표현은 약간 다르지만 똑같은 대답을 하고 있다는 것이 흥미롭다. 랠프가 피기에게 "왜 일이 이렇게 돼버렸지?"라고 묻자 피기는, "나도 몰라. 그 애, 잭 때문인 것 같아"라고 대답한다. 한편, 사이먼은 막대기에 꽂힌 멧돼지 머리가 이렇게 말하는 것을 듣게 된다. "너는 알고 있었지, 안 그래? 이렇게 된 것은 다 나 때문이야." 파리대왕은 악을 상징하고, 잭은 악의 구체적인 모습이다. 그런데 피기는 문제의 핵심을 악이라기보다는 상식의 부족이란 측면에서 파악한다.

　　"섬에서 말썽을 일으키는 아이들은 몰상식한 애들이야"라는 피기의 말처럼 잭은 상식이 많은 것처럼 보이지는 않는다. 잭은, 마치 정신 작용도 명령으로 통제할 수 있는 듯 사냥대원들에게 괴물에 관해서는 잊어버리고 악몽을 꾸지 말라고 지시한다. 피기는 이 상황에서 훨씬 합리적이고 용기가 더 필요한 해결책을 내놓는다. "우리가 하던 일을 계속하면 되는 거야, 그것뿐이야. 어른들도 이런 상황에서는 그렇게 할 거야." 랠프는 자신도 어른처럼 생각할 수 있으면 좋겠다고 느낀다. 특히 피기가 샘너릭 형제는 순번 때 함께 불을 살필 필요가 없이 한 사람씩 하면 된다고 했을 때 더욱 그렇게 생각한다. 피기와 랠프는 아직 어른들은 유능하고 합리적이란 생각을 하기 때문에 어른이라면 어떻게 할 것이라는 가정 하에 행동하려는 것이다.

어떤 면에서는 사이먼도 같은 생각이지만, 그는 지식의 보다 어두운 면을 감지한다. 사이먼은 암퇘지의 눈이 '어른이 살아가면서 가지게 되는 무한한 냉소로 흐려진 것'을 보게 된다. 그리고 암퇘지의 머리가 교사의 목소리로 섬에 존재하는 악을 인정하라고 말하는 것을 듣게 된다. 냉소주의란 인생에 관한 낙관적인 견해를 잃어버리고 경험을 쌓게 될 때 생긴다. 멧돼지가 도륙된 것을 보게 된 사이먼은 죽음과 잔인성을 몸소 느끼고 희망을 잃지만 산 위에 있는 괴물의 정체를 밝히려고 한다. 그는 진정한 괴물과 대화를 나누었기에 산정의 괴물이 가짜라는 것을 알고 있다.

피기와 사이먼이 섬의 상태가 악화되는 원인에 대해 똑같은 견해를 갖고 있는 것처럼 사이먼과 잭은 비슷한 계시를 받는다. 4장에서 처음 사냥에 성공한 잭은 '발버둥치는 멧돼지를 포위해 들어갈 때 얻게 된 지식'에 열광한다. 이 장에서 사이먼은 파리대왕을 보며 '오랜 옛날부터 있었던 피할 수 없

는 것을 인식하게 되어' 멧돼지 머리에서 눈길을 뗄 수 없게
된다. 두 소년 모두 악을 낳는 야수성에 관한 계시를 받게 되
지만, 잭은 그 야수성에 열광하는 반면, 사이먼은 파리대왕의
실체에 압도되어 실신한다.

　　야수성과 관련이 있는 또 다른 개념은 재미에 관한 것
이다. 처음부터 랠프의 목표는 소년들이 모두 재미있게 지내
는 것이었다. 소년들이 영국에 있을 때 읽었던 모험이야기
에 등장하는 원시의 깨끗한 섬에 있는 상황에서 그 목표는 그
리 황당무계한 것처럼 보이지는 않았다. 잭 역시 사냥대원들
을 데리고 랠프에게서 떨어져나갈 때 재미를 약속한다. 그러
나 이 재미는 야만인처럼 치장하고 사냥을 하는 재미다. 잭은
자신이 약속한 재미가 결국은 살인으로 이어진다는 것을 깨닫
지 못하고 있지만, 사이먼은 파리대왕의 말을 듣고 잭이 힘을
갖게 되면 피기, 꼬맹이들, 그리고 자신 같은 약한 아이들에
게 나쁜 영향이 미치게 되리란 점을 알고 있다. "우리는 이 섬
에서 재미있게 지내려고 해! 그러니까, 어떻게 해보려고 하지
마! 그랬다가는…" 파리대왕은 잭의 새로운 체제가 만들어내
는 것을 막으려 하지 말고, 야수성이 섬을 지배하게 되는 것을
받아들이라고, 사이먼에게 경고하는 것이다.

　　랠프는 사냥대원들이 곁을 떠나자 점점 더 절망감을 느
낀다. 어른처럼 생각할 수 있기를 바라는 랠프는 피기의 조언
과 통찰력에 의존하려고 한다. 피기는 산정이 아니라 해변에

봉홧불을 피우자고 제안한다. 불을 다시 피운 후에 열린 집회에서 랠프가 무슨 말을 하려고 했는지 잊어버리자, 피기는 구조에 대한 말이라고 옆에서 거든다. 잭이 힘으로 이 섬을 정복하려고 하듯이 피기는 머리로 생존하기 위해 발버둥친다. 결국 랠프는 힘과 머리를 모두 써서 잭 패거리들의 추격을 따돌려야 하는 운명에 처한다. 그러나 당장은 희망과 해답을 얻으려고 피기에게 의지한다.

전에 사이먼은 소년들에게 "그것 이외에 할 게 뭐가 있어?"라는 아주 근본적인 질문을 해서 아이들이 대답을 못한 적이 있다. 어떤 면에서는, 소년들이 하는 짓은 모두 이 질문에 대한 답이라고 할 수도 있다. 하지만 사이먼이 바라는 것은 전혀 하지 않는다. 사이먼은 소년들이 공포에 정면으로 맞서 대낮에 산정으로 올라가 괴물의 정체를 밝히고, 각자의 내면에 있는 괴물을 살펴보아야 한다고 생각한다. 그러나 소년들은 각자의 방법으로 이 문제를 회피힌다. 잭은 멧돼지 머리를 막대기에 꽂아 괴물에게 제물을 바치는 방법으로, 랠프는 봉홧불을 해변으로 옮기는 방법으로, 피기는 참고 견딘다는 실용적인 방법으로 피하는 것이다. 이런 반응은 소년들의 개성을 나타낸다고 볼 수 있다. 잭은 원시인들의 제물을 바치는 의식이라는 구체적인 행동에 몰두하며, 랠프는 집안의 불씨를 꺼뜨리지 않기를 바라며, 피기는 계속 논리와 현실적인 감각에 의존하는 것이다.

Chapter 9

 ## 사이먼 살해되다

폭풍우가 섬에 밀어닥치려고 할 때 제정신을 찾은 사이먼은 괴물을 눈으로 확인하려고 산정으로 올라간다. 그는 공수부대원의 시체를 발견해 살펴보고는 정체를 확인한다. 산 밑이 잘 내려다보이는 곳에서 보니 소년들 대부분이 잭이 불을 지펴놓고 있는 곳에 모여 있다. 사이먼은 소년들에게 괴물의 정체를 밝히러 내려간다. 그날 겪은 일 때문에 너무 지친 사이먼은 간신히 걷는다.

랠프와 피기는 랠프를 따르는 나이 든 소년들도 잭이 여는 파티에 갔다는 사실을 알아차린다. 두 소년 역시 호기심도 나고 배도 고파서 그곳으로 가본다. 잭은 랠프와 피기도 먹도록 해준다. 모두 다 먹고 나자, 잭은 소년들에게 자신에게 합류할 것인지, 랠프 편에 남을 것인지 알려달라고 한다. 랠프는 소년들에게 자기편에 계속 남으라고 말하며, 첫날 자신을 대장으로 선출한 것을 상기시킨다. 그러나 잭은 원시 부족의 추장 흉내를 내며, 소년들 마음을 꽉 잡고 있다.

소년들의 파티 장소에 폭우가 쏟아진다. 잭은 폭우에 맞춰 춤을 추라고 명령한다. 랠프와 피기도 춤을 추는 소년들의 가장자리에 낀다. 갑자기 사이먼이 밀림에서 기어 나와 원을 그리며 춤을 추고 있는 소년들의 가운데에 들어간다. 그는 산정에 보이는 괴물의 정체를 말해 주려고 하지만, 쏟아지는 폭우와 소년들이 미친 듯이 외치는 주문 소리에 묻혀 들리

지 않는다. 광기에 들뜬 소년들은 마치 사이먼이 괴물인 양 공격해 죽인다. 비가 더욱 거세지자 사이먼의 시체는 해변에 버려둔 채 소년들은 뒤로 물러난다. 그날 밤, 사이먼의 시체는 조수에 밀려 바다로 떠내려간다.

폭풍에 죽은 병사의 낙하산이 펴져 시체가 위로 떠올라 섬을 지나 바다로 향한다. 이 광경을 본 소년들은 공포에 질려 비명을 지르며 흩어진다.

: 풀어보기

이 장은 예언자의 역할을 하다 죽게 되는 사이먼에게 초점이 맞춰진다. 기절해 있다가 정신이 든 사이먼은 전에 소년들에게 했던, "그것 이외에 할 게 뭐가 있어?"라는 질문을 다시 입 밖으로 내뱉는다. 산정에 무엇이 있는지 직접 봐야 되는 것이다. 공포의 본질을 알아내야만 하는 사이먼은 노인처럼 허리를 굽히고 간신히 산으로 올라간다. 마치 멧돼지의 눈에서 봤던 '어른이 살아가면서 가지게 되는 무한한 냉소' 때문에 나이가 든 것처럼.

사이먼은 산정의 괴물을 보고도 두려워하지 않는 것 같다. 전부터 이 괴물이라는 존재에 의심을 품고 있었으며, 진정한 괴물인 파리대왕을 만나본 후여서 공포를 뛰어넘어 또 다른 감정의 영역에 몰입해 버린다. 산정에서 무서운 형체가 일어나 자신을 보자, 사이먼은 마치 소년들이 괴물의 정체에 관해 오해한 것이 부끄럽다는 듯이 얼굴을 가린다. 그리고는, 폭풍우가 칠 때 시체가 날아갈 수 있도록 바위에 걸린 병사의 낙하산 줄을 풀어준다.

어떤 면에서는 이 병사는 진정한 괴물의 대리인 역할을 하고 있다. 소년들의 가장 비열하고 추악한 본성을 밖으로 끌어내는 것이다. 소년들은 이 두려운 상황을 맞아 힘을 합하는 것이 아니라, 가장 저급한 충동에 따라 서로 분열된다. 그리고는 공포와 광란의 소용돌이 속에서 집단의 일원을 죽인다. 이 병사는 인간 세상에서 계속되는 전쟁으로 인해 이 섬에 왔다. 바로 인간의 본성에 숨어 있는 야수성의 대리인인 것이다.

 산정에 있는 괴물은 실제로 이상한 동물이 아니라, 어떤 신호나 상징으로 봐야 한다고 느낀 소년은 사이먼밖

에는 없었다. 용감하게 그 실체를 확인하는 사이먼은 예언자의 길을 가는 것이다. 막대기에 꽂힌 파리대왕과 병사의 시체인 소위 괴물을 모두 대면했던 사이먼은 섬에 존재하는 악의 본성을 이해하게 된다. 그러나 그는 다른 소년들에게 그 계시를 알려줄 기회를 갖지 못한다. 그들은 그 계시를 받아들이거나 이해할 준비가 되지 않았기 때문이다.

문체 탐색 해파리 같이 생긴 형광빛이 나는 해초에 싸여 사이먼의 시체가 조수에 떠밀려 바다로 밀려간다. 작가는 시체의 움직임에서 태양, 달, 지구 등 거대한 물체의 움직임으로 시선을 옮긴다. 사이먼은 천체처럼 근본적인 존재를 나타내는 인물이기 때문이다.

문학적 장치 골딩은 소설에서 일어나는 행동의 보편적인 성격을 상징하고, 소년들 사이의 긴장감과 극단적인 반응을 나타내는 수단으로 날씨를 이용한다. 9장은 섬을 뒤덮고 있는 이상한 날씨에 관한 얘기로 시작되고 있다. "대기는 금방 폭발할 것 같았다. 화창한 날씨는 사라지고, 놋쇠처럼 묵중한 대기가 내리깔렸다." 그리고는 사이먼이 죽자, 소년들의 행동에 대답이라도 하듯 금방 폭우가 쏟아진다.

랠프는 소년들이 자기를 저버린 이유는 극적인 것을 바라는 욕구 때문이라고 피기에게 설명한다. 사악한 행동을 하고 싶어서가 아니라, 잭이 약속하는 극적인 게임을 즐기고 싶기 때문이라고, 소년들의 동기를 정확히 파악하고 있다. 랠프와 피기도 잭이 보장하는 고기와 보호에 마음이 끌린다. 그러나 다른 소년들에게 괴이한 의식을 강요하고 있는 잭은 이 게임에 완전히 정신을 잃은 것이 틀림없다. 랠프와 잭이 가보니 잭은 권력을 탐하는 추장처럼 행세하고 있다. 온몸에 색을 칠하고 꽃다발을 걸친 잭이 앉아 있는 통나무 주위에는 신에게 바치는 것처럼 음식과 마실 것이 놓여 있다.

잭과 죽은 병사는 유인원이란 공통점을 가진 것처럼 보인다. 랠프는 웅크리고 있는 병사를 커다란 유인원으로 보았다. 유인원이란 인간의 조상이며, 그 동물적인 본성은 지금도 인간의 심성에 그대로 남아 있다. 자기 패거리 앞에 앉아 있는 잭은 새로 도착한 랠프와 피기를 보자, 유인원이 자신의 귀에 대고 권력을 가지라고 속삭이는 것을 느낀다. 잭의 어깨에 앉아 있는 악마는 잭의 동물적인 본성이며, 이 본성은 다른 생물들을 지배하고 싶어한다. 잭은 이미 자기 패거리를 완전히 지배하고 있다. 마실 것을 가져오라고 하면 누군가가 가지고 온다. 소년들은 잭을 '추장'이라고 부른다. 잭은 소년들에게 복종을 강요하고, 이들은 잭 혼자서 자신들을 보호해 줄 수 있다는 착각에 빠져 복종한다. 반면, 랠프는 소년들이 스스로의 약속을 지킬 것이라는, 명예와 자존심에 의지해 집단을 이끌려 했기 때문에 권한을 제대로 행사하지 못했다.

비가 내리기 시작하자 잭은 소년들에게 빗속에서 춤을 추라고 명령한다. 로버트가 다친 때처럼 사냥 흉내를 내라는 것이다. 폭우 속에서 추는 춤은 겁에 질린 소년들에게 일종의 질서를 가져다주며, 자연의 힘에 대항하는 힘을 주는 것처럼 보인다. 랠프와 피기도 비를 피할 수 있는 곳으로 달려가지 않고, 소년들의 가장자리에서 이 의식에 참여한다. '미친 것 같지만, 소년들의 구릿빛 등으로 두른 담장 안에 공포를 가둬 다스릴 수 있게 된 것' 같은 이 집단에서 추상적인 피난처를 찾는 것이다.

소년들이 잭에게 합류한 것은 주문을 소리쳐 되풀이하고, 둥글게 원을 그리며 춤을 추는 것이 크게 영향을 끼쳤다. 랠프가 피기에게, 나이 든 소년들도 잭의 편으로 넘어가 사냥을 하고 몸에 색을 칠한 이유를 설명할 때 여기까지는 생각이 미치지 못했다. 사람들은 상황이 어떻든 간에, 의식을 되풀이하는 데서 보호받고 있으며 안전하다는 생각을 갖게 된다. 잭은 이처럼 되풀이되는 의식이 발휘하는 힘을 이용했던 것이다. 일요일마다 교회에서 똑같은 기도와 의식을 반복하는 집단에서부터 구호를 외치는 정치 집단과 매일 정해진 일과를 반복하는 군대에 이르기까지, 의식의 반복은 거의 모든 집단에서 볼 수 있다. 의식을 되풀이하면 그 집단은 편안해진다. 집단의 일원은 그 의식 속에서 자신의 역할을 잘 알 수 있기 때문이다.

잭 패거리가 되어 의식을 치르며 명령에 복종하는 소년들은, 원시 부족의 흉내를 내며 추는 춤에서 벌어진 일에는 전혀 책임이 없다는 느낌을 받는다. 7장에서 랠프 같은 소년들은 로버트를 때리면서 양심의 가책을 느꼈지만, 다른 소년들은 '게임'을 즐겼을 뿐이고, 모리스는 북을 두드려 이 의식을 좀더 세련되게 하자고 제안했을 정도다. 그러나 모두가 동물적인 충동에 이끌려 참가했던 것이다. 이 장에서는 천둥이 치고 어두워져서 그 동물적인 충동이 걷잡을 수 없게 된다.

작가는 이 집단적인 살인을 이렇게 그리고 있다. "아무런 말도 행동도 없었다. 다만 이빨로 물어뜯고 손톱으로 할퀼 뿐이었다." 여기서 또다시 야만적인 행동과 언어를 통한 의사소통의 부재가 연결되어 있다. 물론 언어는 인간과 하등 동물을 가장 극적으로 구별하는 수단이다. 더구나 작가는 도구에 속하는 무기인 창이라고 하지 않고, 가장 원시적인 무기인 '이빨과 손톱'이라는 표현을 사용한다. 샘너릭 형제역시 실제로 보지도 못한 괴물을 묘사할 때 이 표현을 사용했다. 그러나 이 경우에는 진정한 괴물인 인간의 사악성이 이빨과 손톱을 통해 드러나고 있다.

광기가 가라앉자 소년들은 자신들이 때려잡은 것에서 한걸음 물러나, '괴물이 너무나 작은 것'에 어안이 벙벙할 정도로 놀란다. 자신들이 무슨 짓을 했는지 서서히 깨닫게 되는 것이다.

Chapter 10

 잭, 피기의 안경을 훔치다

　　다음날 아침, 랠프는 피기와 샘너릭 형제, 꼬맹이들 일부만 자기편에 남아 있다는 것을 알게 된다. 지난밤 일을 골똘히 생각하던 랠프는 피기에게 자신들이 사이먼을 살해했다는 점을 지적한다. 피기는 '살해'라는 용어에 반대하며, 자신과 랠프가 사이먼의 죽음을 초래한 춤에 어떤 식으로든 참가했다는 것을 샘너릭 형제가 모르기를 바란다. 샘너릭 형제도 자신들이 그 춤에 동참했다는 것을 인정하고 싶어하지 않는다.

　　잭은, 자신을 화나게 만들었다며 소년 한 명을 묶어놓고 때리게 하는 등, 패거리들에게 점점 더 잔인한 독재자처럼 행세하기 시작한다. 잭은 또 멧돼지를 구우려고 랠프의 캠프를 습격해 불을 가져올 계획을 세운다. 그리고는 불안해 하는 아이들에게 자신들은 전날 밤에 괴물을 때리기는 했어도 죽이지는 않았다고 납득시키려 한다. 잭은 괴물이 변장하고 자신들 앞에 나타났다고 단언하며, 동료 하나를 죽였다는 사실을 강하게 부인한다.

　　랠프의 캠프에서, 소년들은 어둠 속에서 땔나무를 더 모아오지 않고, 불이 꺼지도록 내버려둔다. 잭을 비롯해서 습격을 왔던 소년들은 불붙은 나뭇가지를 훔칠 수 없게 되자, 랠프 측을 공격해 피기의 안경을 훔친다.

이 장에서는 광란의 도가니 속에서 사이먼을 때려죽인 전날 밤 사건에 대한 소년들의 반응을 보여준다. 그것을 살인이라고 단정하고, 그 살인에 가담했다고 거짓 없이 인정하는 소년은 랠프밖에 없다. 대석으로 돌아온 랠프는 대장이 앉는 통나무 위가 아니라 그 앞에 앉아 소년들이 저지른 끔

찍한 짓에 대해 곰곰이 생각한다. 그는 자신이 목격했던 그 살인에 혐오감과 흥분을 동시에 느낀다. 그것은 잭이 처음으로 멧돼지를 죽였을 때 느낀 감정과 비슷하다. 피기가 어깨에 손을 대자 랠프가 몸을 떤다. 사이먼이 산정에 사람의 시체가 있다고 외친 것과 낙하산에 매달린 물체가 바다로 날아간 것을 종합적으로 생각해 본 랠프는, 산정에서 살아 있는 것처럼 보였던 것은 괴물이 아니라 공수부대원의 시체였을 것이라는 점에 생각이 미친다. "나는 두려워. 우리가."

처음에는 사이먼을 죽인 광란의 춤에 자신도 적극적으로 참여했다고 인정한 랠프는 피기가 자신들은 바깥쪽에서 돌았기 때문에 책임이 없다고 하자 재빨리 동조한다. 자기방어의 본능을 발휘하는 것이다.

피기는 사이먼의 죽음에는 그 누구도 책임이 없다고 강력히 부인한다. 사이먼이 이상하게 행동했기 때문이라는 것이다. 랠프가 죽은 사이먼의 문제를 제기하자, 실용주의자인 피기는 "그런 식으로 말해 봐야 무슨 소용이 있어?"라고 반문한다. 피기가 그 춤에 적극적으로 동참하지 않았다는 것은 사실이다. 그러나 작가는 피기가 왜 바깥쪽에만 있었는지, 힘이 없어서 아이들을 제치고 안쪽으로 들어갈 수 없어서 그랬는지, 아니면 다른 아이들처럼 야수성이 발휘되지 않아서 그랬는지는 말하지 않고 있다.

피기는 전날 밤 엄청난 사건이 벌어졌지만, 사이먼의

죽음을 논리적으로 설명할 길을 찾으려고 한다. 그는 사이먼이 밀림에서 소년들이 춤추고 있는 가운데로 이상하게 기어 나왔기 때문에 죽음을 자초한 셈이어서, 아이들이 그를 공격할 수밖에 없었다고 결론 내린다. 그러나 괴물의 실체를 파악한 사이먼이 완전히 탈진해서 기어 나올 수밖에 없었다는 상황을 피기는 모른다.

사이먼이 죽자 잭은 논리나 상식과는 거리가 먼 방식으로 대응한다. 의식적으로는 살인을 했다고 인정하지 않지만, 무의식 속에서는 죄의식을 느끼며 피해망상에 빠져 바위로 된 성채 입구에 보초를 세운다. 그 이유를 묻는 소년에게는 랠프 패거리들의 습격을 경계하기 위해서라고 대답한다. 파리대왕이 사이먼에게 섬에서 일어나려고 하는 '재미있는 일'을 막지 말라고 한 말과 비슷한 대답이다.

입구를 지키는 보초병은 괴물로부터 잭 패거리를 지킨다는 또 다른 임무를 수행하고 있는 셈이다. 잭은 부하들에게 자기들은 괴물을 정말로 죽인 것이 아니라, 변장하고 온 괴물을 물리쳤을 뿐이라고 말한다. 따라서 아직도 괴물을 달래고 경계해야 할 필요가 있다는 것이다. 잭은 전에는 패거리들의 꿈과 감정을 마음대로 정의하고 조정했는데, 이번에는 소년들의 실체를 마음대로 정의하는 것이다. 이렇게 진실을 조정하는 것은 전제정치 체제에서는 흔한 일이다. 소년들은 아무도 그 광란의 춤에 참가했다는 것을 인정하고 싶지 않기 때문에 잭이 자신들의 실체를 마음대로 정의하도록 내버려두고, 지배당하는 것에서 마음의 위안을 얻으며, 잭이 막연한 공포로부터 자신들을 지켜줄 것이라고 믿는다. 보다 구체적으로는, 잭은 소년들에게 무기라는 보호 수단을 마련해 주고, 싸우고 싶어하는 본능을 부추긴다. 습격을 대비해 무기로 사용할 수 있는 커다란 돌을 바위 성채의 입구에 놓아둔 것을 보고, 로저는 잭을 진짜 추장이라고 생각한다.

로저처럼 다른 사람을 괴롭히기 좋아하는 아이에게 '무책임한 권위'를 마음껏 휘두르는 잭 패거리는 잔인성을 발휘할 수 있는 절호의 기회를 주는 셈이다. 로저는 지금까지 가학적인 충동을 억제하거나 가면 뒤에 숨겨야 하는 환경 속에서 살았다. 4장에서 헨리에게 돌을 던질 때 일부러 빗맞힌 것이 그 사실을 증명한다. 그러나 잭이 윌프레드를 묶어놓고는 처벌할 때까지 몇 시간이고 방치해 놓았다는 이야기를 듣고는 가슴이 뛴다. 11장 끝부분에서 로저는 모든 독재 체제에서 핵심적 역할을 담당하는 사형집행인이란 자리를 차지한다.

잭은 피기의 안경을 훔치면서 비로소 진정한 추장이 되었다고 느낀다. 프로메테우스는 신에게서 불을 훔쳐 인간을 이롭게 한 반면에, 잭은 인간에게서 불을 훔쳐 야수를 이롭게 한다. 이런 면에서 잭은 비틀어진 프로메테우스라고 할 수 있다. 원래 잭을 비롯한 성가대원들은 불을 관리해서 문명사회의 구조를 기다리며 빨리 집으로 돌아가게 하는, 프로메테우스의 역할을 하게 되어 있었다는 점에 주목하자.

랠프는 여전히 문명사회의 일원으로 남아 있으려고 애를 쓰지만, 문명인으로서의 자아를 급속히 잃어가고 있다. 불의 중요성을 강조하려고 할 때 '커튼'이 내려지는 느낌을 받아 당혹스러워한다. 샘너릭 형제가 계속 불을 피워놓고 있어야 하는 이유를 물었을 때, 대답으로 할 말이 기억나지 않자 화가 치민다. 불을 계속 피워놓아야 할 이유가 분명히 있는데, 생각나지 않는 것이다. 물론 피기는 그 이유를 알고 있다. 불을 피워놓아야 빨리 구조될 수 있고, 이 섬에서 벗어나야 피기는 안전하기 때문이다.

피기는 아직 섬에 남아 있는 문명사회의 조그만 흔적이라도 지키고 싶어 랠프 편에 남아 있을 뿐만 아니라, 문명사회의 대화 방식을 상징하는 소라에도 집착한다. 따라서 잭의 사냥대원들이 소라를 훔치려고 습격했다고 생각한다. 랠프가 하루 빨리 구조되어 집에 가려고 온 신경을 쓴다고 믿듯이, 잭은 아직도 소라가 지닌 권위에 가치를 두고 있다고, 피기는 생각하는 것이다. 그러나 잭은 소라 같은 것은 이미 내동댕이치고, 야만인의 생활을 즐기고 있다. 잭의 권위는 공포에서 나오는 것이다.

안경을 빼앗긴 피기는 무력하고 무능한 존재가 된다. 랠프에게는 지적 능력을 갖춘 의논 상대가 없어진 셈이다.

Chapter 11

피기도 로저에게 죽음을

피기의 재촉을 받은 랠프가 회의를 소집한다. 그 자리에서, 남아 있는 나이 든 소년 네 명이 잭의 패거리로 가서 봉홧불의 중요성을 상기시키고 안경을 돌려달라는 요구를 하기로 결정한다. 샘너릭 형제는 완전히 야만인이 되어버린 소년들에게 가기가 두렵다고 말한다.

잭 패거리는 몇 명 되지 않는 랠프네 소년들에게 적대감을 보인다. 로저는 샘너릭 형제에게 돌을 던져 겁을 준다. 잭은 사냥하고 있던 밀림에서 나와 랠프에게 원래의 자리인 섬의 끝으로 돌아가라고 한다. 랠프가 피기의 안경을 훔친 잭을 도둑이라고 하자, 잭 패거리들이 잠시 창을 들고 랠프를 에워싼다. 피기가 랠프에게 하려고 했던 말만 하라고 충고한다.

랠프가 봉홧불의 중요성에 대해 열을 올리자 야만인들은 비웃는다. 잭이 패거리들에게 샘너릭 형제를 붙잡아 묶으라고 명령을 내리고, 잭과 랠프가 맞붙어 싸울 지경까지 이른다. 이번에도 피기가 가로막으며 소라를 쥐고 연설을 하려 한다. 피기가 소년들에게 야만인이 되었다고 나무라자, 로저는 피기가 있는 방향으로 커다란 돌을 굴린다. 돌에 맞은 피기는 절벽 아래 바위로 떨어져 죽는다. 시체는 이내 거대한 파도에 씻긴다.

잭이 랠프를 향해 승리를 외치고는 창을 던진다. 랠프는 그 창에 상처를 입고, 필사적으로 도망친다. 샘너릭 형제는 잭 패거리들에게 잡혀 있으면서 잭의 위협에 시달리다, 다시 로저에게 고통을 당하게 된다.

마지막까지 랠프 편에 남아 있는 나이 든 소년들은 안경이 없어져 피기가 거의 장님이 되어버린 문제, 봉홧불을 피우지 못하고 있는 문제, 잭 패거리들로부터 자신을 보호해야 되는 절박한 문제를 빨리 해결해야 할 필요성을 느낀다. 피기는 랠프에게 회의를 소집해 문제를 토의하자고 고집한다. 몇 명밖에 되지 않는 소년들을 소집하려고 소라를 부는 것은 매우 어리석게 보이지만, 피기는 "우리가 가진 것은 그것밖에 없어"라고 강한 어조로 말한다. 소라의 규칙에 따라 운영되는 회의가 아무런 힘은 없지만, 피기는 거기에서 위안을 받는다.

사실, 이들에게 남은 권위나 행동의 수단은 소라밖에는 없다. 그러나 야만인들이 소라의 권위를 무시하는 상황에서는 쓸모없는 수단에 불과하다. 예를 들어, 랠프가 바위 성채에 가서 소라를 불자, 야만인들은 침묵으로 대응할 뿐이며, 로저는 샘너릭 형제에게 돌을 던진다. 소라는 회의중의 발언권뿐만 아니라, 말이 지닌 힘 자체를 상징한다. 인간과 동물을 구별 짓는 것은 말하는 능력이다. 어떤 면에서 야만인들은 랠프의 말하는 능력을 빼앗았다고도 할 수 있다. 랠프는 구출의 중요성을 말하던 중에 야만인들의 침묵에 굴복해 중도에 포기한다. 잭의 명령을 제외하고는, 랠프와 피기의 말에 대한 야만인들의 반응은 야유, 비웃음, 고함 등, 모두 비언어적인 것뿐이다. 로저가 피기를 충동적으로 살해하고 나자, "그 침묵은 완벽해졌다." 피기는 이 섬에서 인간의 지성과 논리를 마지막으로 지킨 인물이었기 때문이다.

피기는 죽을 때까지도 자신을 둘러싼 상황에 대한 시각을 바꾸지 않는다. 겨우 몇 명이 참석하는 회의에서도 잭 패거리들이 모두 랠프의 권위를 무시하는데도, 랠프에 의지해서 사태를 해결하자고 촉구한다. 피기는 다른 소년들처럼 생각할 줄 모르는 것이다. 피기의 인생에 대한 접근 방법은 권위를 지닌 어른들 세계의 가치관과 태도에서 비롯된 것으로, 당연히 모두들 그 가치관과 태도를 가져야 한다고 생각한다. 사이먼과 괴물의 문제를 처음으로 제기했던 꼬맹이의 죽음에 관해 말할 때도, 피기는 "어른들이라면 어떻게 생각할까?"라고 묻는다. 마치 소년들의 죽음 자체를 슬퍼하기보다는, 소년들을 죽게 만든, 가치관, 윤리, 규율의 상실을 슬퍼하는 것 같다. 안경을 돌려주는 것이 옳기에 잭은 돌려주어야만 한다는 주장에서, 피기의 윤리관은 기본적이고 보편적이어서 타협의 여지가 없다는 것을 알 수 있다. 그러나 현실 세계의 윤리란 특정 사회의 가치관을 바탕으로 생기므로, 이 섬에서 잭이 몸담고 있는 사회와 윤리관은 피기의 윤리관과는 엄청난 차이가 있다.

샘너릭 형제는 그 차이를 잘 알고 있다. 사태를 바라보는 형제의 시각은 완전히 달라졌다는 것이 집회에서 명확하게 드러난다. 6장에서 형제는 학교 교사 흉내를 내며, 그 선생이 아무리 화를 내도 무섭지 않다고 말한다. 그러나 지금은 잭이 화를 내면 자신들은 끝장이라고 말하며 두려워한다.

로저는 살인자의 역할을 즐긴다. 4장에서 그는 꼬맹이들에게 돌을 던질 때 일부러 빗맞힌다. 영국에서 살 때 몸에 익혔던 사회적 관습과 도덕 때문에 아이들을 정통으로 맞히지 못했던 것이다. 그러나 이제는 자기가 던진 돌에 샘너릭 형제가 균형을 잃고 넘어질 뻔하자, 다른 사람을 지배하는 희열을 맛본다. 섬의 권력이 잭에게로 이동하자, 로저의 시각은 바뀐다. 바위 성채의 꼭대기에서 내려다보는 로저의 눈에는 "랠프는 머리털, 피기는 지방덩어리에 불과했다." 그들은 자신들과 같은 인간이 아니다. 자기 집단에 속하지 않는 아이들은 인간이 아니라고 규정짓자 무슨 짓을 하든 로저에게는 거리낌이 사라지고, 희열을 느끼며 돌을 굴려 피기를 죽이는 것이다.

온갖 편견과 편협한 사고방식, 더 나아가 인종 학살은 자신과 다른 사람은 인간이 아니라고 여기는 데서 출발한다. 잭 패거리들은 샘너릭 형제는 자신들과 다르다고 생각하고 신이 나서 묶는다. 다르다는 것 때문에 잔인한 짓을 해도 정당하다고 생각하는 것이다. 군인들이 같은 인류의 일원인 적을 죽이면서 정당하다고 생각하는 것도, 소년들이 사이먼을 자신과 똑같은 사람이 아니라 괴물이라고 느낀 것도 이런 사고의 적응 과정을 거치기 때문이다.

사이먼이 죽었을 때 소년들은 모두 죄의식을 느꼈지만, 피기가 죽자 야만인들은 로저를 지금까지와는 다르게 본다. 로저는 조용히 혼자서 사람을 죽였기 때문에 '무엇이라고 이름 붙일 수 없는 권위를 휘두르는' 사형집행인으로 인식하는 것이다. 랠프가 본능적으로 외교적인 협상과 지도력을 갖추고 있는 것처럼, 로저는 사람을 괴롭히는 본능을 가지고 있다.

랠프는 야만인들에게 문명사회에서 항상 지켜야 하는 도덕과 윤리를 상기시켜주려고 한다. 그래서 야만인들에게 갈 때 영국에서처럼 깨끗한 모습으로 가자고 집회에서 제안한다. 자신들은 잭 패거리와는 다르다는 것을 보여주고, 구조되면 야만인들도 그런 모습이 된다는 것을 상기시켜주고 싶은 것이다. 그러나 샘너릭 형제는 몸에 물감을 칠해 그들도 야만인들과 같다는 것을 보여 자비를 구해야 된다고 말한다. 이제 잭은 문명사회의 제약조건에서 완전히 벗어났는데, 새삼스럽게 그런 것을 상기시키면, 화만 돋울 것이라는 논리다. "걔들은 몸에 물감을 칠하고 있을 거야! 그게 어떤 의미라는 것은 잘 알고 있잖아." 결국 샘너릭 형제의 말이 옳다는 것이 증명된다. 야만인들과 다르다는 모습을 보여준 것은 사태를 악화시켰을 뿐이다.

쌍둥이 형제가 묶이는 것을 보자 랠프의 표현은 사태의 정곡을 찌른다. "너는 괴물, 멧돼지, 형편없는 도둑놈이야." 이런 감정적인 비난은 사실 전부 맞는 말이다. 멧돼지 머리로 변장해 사이먼에게 말을 걸었던 괴물의 욕구를 잭은 행동으로 옮기고 있다. 잭은 피기의 안경을 훔쳤을 뿐만 아니라, 구조 희망, 사이먼의 생명, 랠프의 권위, 그리고 이 섬에 남아 있던 문명사회의 조그만 흔적까지 모조리 훔쳐갔던 것이다.

처음에 잭과 랠프는 맞붙어 싸우기를 주저한다. 랠프가 잭을 도둑놈이라고 부르자, 잭이 창을 들고 달려들지만, 둘 다 창을 막대기처럼 휘두를 뿐 찔러 죽이려고 하지는 않으며, 서로 말로는 덤비라고 해도 일정한 거리를 두고 있다. 지금까지 서로 맞붙어 사람을 죽인 소년은 한 명도 없었다. 사이먼은 집단적인 광란의 와중에 죽었고, 로저도 피기를 일대일로 맞붙어 싸우다 죽인 것이 아니라 멀찍이에서 죽였던 것이다. 잭 역시 주저하지만, 드디어 로저 흉내를 내어 창을 던져 랠프를 죽이려고 한다.

주제 탐색 잭과 랠프는 애증의 이중관계로 묶여져 있다. 그러나 둘 다 이런 감정을 이해하지는 못한다. 둘은 첫날 서로 친구가 되어 아주 기뻐했다. 이 우정은 내면에 잠재한 인간성과 야수성이 결합된 것이다. 두 힘이 긍정적인 결과를 낳으려면, 균형이 맞아야 한다. 그러나 잭은 소년들의 집단에 이익을 가져다주려고 하지 않고 지배하려 했기 때문에 이 섬의 갈등이 시작된 것이다. 랠프는 너무 질서 유지에 몰두함으로써 소년들이 과일보다는 영양가가 더 많은 음식을 갈구하고 있다는 사실을 간과한다. 또한 랠프는 문명사회의 일원인 자신의 실체만을 강조했기 때문에 야수성을 지닌 잭이 어떻게 지금까지 살 수 있었는지 이해하지 못한다. 일단 잭이 랠프의 생명을 빼앗으려 하자, 둘 사이의 관계는 끝장난다. 잭에게 랠프는 이제 인간이 아니라, 사냥감로 재분류된 것이다.

이 섬에서 악이 승리했다. 사이먼의 죽음과 함께 영적인 것, 창조적인 것, 종교적인 것은 사라졌으며, 피기의 죽음과 함께 지성과 논리는 사라졌다. 소라가 부서진 것과 함께 규칙, 권위, 전통은 파괴되었다.

Chapter 12

 **필사의 도주**

잭의 패거리가 바위 성채 안에서 먹고 마시며 즐기는 동안 랠프는 대석으로 돌아간다. 그곳에 오자 혼자 숙소에서 밤을 보내기가 꺼려진 그는 섬의 한쪽 끝에 있는 잭의 캠프로 돌아가 다시 한 번 이성적으로 말해 보기로 결심한다. 랠프는 그곳으로 가는 도중에 사이먼에게 말을 걸었던 멧돼지 머리와 마주친다. 그 머리가 살아 있는 것 같고, 무엇이든 다 알고 있다는 듯한 괴이한 느낌을 주자, 그것을 땅에 내리친 랠프는 막대기를 무기로 삼는다.

바위 성채에 가보니, 잭 패거리에 합류한 샘너릭 형제가 망을 보고 있다. 랠프는 형제가 다시 자기편으로 돌아올 것을 바라면서 조심스럽게 다가간다. 형제는 다음날로 예정된 사람 사냥에 대해 알려주며 고기를 건넨다. 그러나 형제가 랠프에게 말하는 것을 들은 패거리가 그들에게 벌을 준다.

랠프는 밤을 보낼 장소를 발견한다. 다음날 아침, 무성한 수풀 속에 있는 랠프의 은신처를 발견한다. 잭 패거리들은 수풀 속의 랠프에게 다가가지 못하자, 그 안으로 돌을 굴리고, 불을 질러 밖으로 나오게 한다. 랠프가 도망치고, 패거리들은 짐승처럼 울부짖는 소리로 의사소통을 하며 그 뒤를 쫓는다.

랠프는 뚫고 들어갈 수 없을 정도로 무성한 수풀을 또 하나 발견하

고 그 안에 숨지만 다시 발각된다. 이제는 불이 섬 전체로 퍼져 랠프는 야만인들뿐만 아니라 불도 피해야 한다. 해변까지 도망쳐 나온 랠프는 방금 섬에 도착한 영국 해군 장교의 발밑에 쓰러진다. 이 장교의 배는 섬에 난 거대한 산불의 연기를 보고 접근했던 것이다. 그 장교는 소년들을 배에 태워 데려가겠다고 약속한다. 랠프는 잃어버린 그 모든 것들이 너무 서러워 갑자기 흐느끼기 시작한다.

야만인들이 물러나는 것을 보고 있던 랠프는 한 명씩 누구인지 식별하려고 하다, 그 중 한 명을 빌이라고 추측한다. 그러나 다음 순간 그 아이는 빌이 아니란 생각이 든다. 랠프의 생각은 옳았다. 일단 문명사회에서 가지고 있던 외모, 행동거지, 가치관을 벗어던지자, 전에 빌이었던 아이는 사라졌다. 11장에서 잭이 랠프를 죽이려고 창을 던지자, 작가는 잭을 잭이라고 부르지 않고 '추장'이라고 부른다. 잭이란 이름으로 불렸던 소년은 사라지고, 랠프가 상징하는 문명의 힘을 거부하고 권력에 굶주린 괴물의 화신이 된 것이다.

잭의 공격을 받은 후에도, 랠프는 사람의 존재가 그리워 바위 성채로 돌아가 잭 패거리와 이성적으로 다시 한 번 이야기해 보려고 한다. 환한 대낮에는 제정신으로 돌아올 것이라고 기대하는 것이다. 환한 대낮의 제정신이란 상식을 뜻한다.

피기는 8장에서 섬의 문제는 모두 상식이 부족한 데서 일어나는 것이라고 랠프에게 말한 바 있다. 그때 피기는 구조선이 오게 하고, 어느 정도 문명사회의 예의범절을 지키는 데 필요한 현실적인 감각과 현명한 판단력을 상식이라고 했다.

그러나 상식은 또 어떤 공동체의 구성원들 사이에 무엇이 중요하고, 무엇이 허용되는지 서로 안다는 것을 뜻한다고도 생각할 수 있다. 랠프는 문명사회 공동체의 일원이 알고 있어야 할 상식을 가졌기 때문에 이 섬에서 추방자가 되었다는 것을 깨닫는다. 잭이 랠프에게 창을 던지는 순간, 랠프는 추방자가 되었던 것이다.

친구도 소라도 잃어버린 절망적인 상황에서 밤과 공포가 밀려오자, 랠프는 '마치 어린아이처럼 징징거리며 하품을 한다'. 야만인들의 사냥감이 되어 쫓기자 이번에는 원시인으로 돌아가 수풀 속에 쭈그리고 앉아 이빨을 드러내고 으르렁거린다. 동물적인 생존 본능이 되살아나는 것이다. 랠프는 동물처럼 밤을 보낼 은신처를 찾으며, 다음날에 숨을 장소도 미리 생각해 둔다. 자신을 찾아내는 사람은 누구라도 창으로 찌를 마음의 준비도 한다. 순전히 생존 본능에 따라 도주를 막는 야만인 두 명을 공격하며, 숨어 있던 장소에서 한 명에게 부상을 입힌다. 랠프는 잭 패거리들을 이미 인간이 아니라 줄무늬가 있는 무서운 맹수로 생각한다. 야만인들에게 사냥이란 활동이 아니라 존재 이유다. 반면에 랠프는 도망치면서도 이성적으로 생각한다. 산불로 과일 나무들이 타버리자, 야만인들이 앞일을 생각하지 못하는 것에 화를 낸다. "바보들! 내일부턴 뭘 먹으려고 저러지?"

랠프는 조언해 주던 피기가 있었으면 좋겠다는 생각을 하는가 하면, 매 순간 삶과 죽음을 가르는 선택을 하지 않으면 안 되는 이런 절박한 상황이 아니라, 소라를 불어 질서와 여유를 가지고 회의를 하던 때를 그리워한다. "생각할 시간이 있으면!"이라고 한탄하는 것이다. 도망치는 동안 랠프의 머리에 사이먼의 예언이 갑자기 스친다. 야만인들에게 완전히 궁지에 몰려 양쪽을 뾰족하게 깎은 막대기가 어떤 목적으로 사용되는지 깨닫는 순간, 마치 사이먼의 영혼이 이 섬을 떠돌아다니는 것처럼, "너는 돌아가게 될 거야"라는 말이 떠오르는 것이다.

사이먼의 영혼이 있다면, 파리대왕과는 달리 랠프를 위로하고, 자신이 가진 지식을 전해 주려고 손을 내미는 것이리라. 파리대왕과 직면한 랠프는 '그 해골이 마치 소라처럼 하얗게 반짝이는 것'을 보게 된다. 그 해골은 보편적인 선과 악의 투쟁을 상징하는 것으로, 악이란 우리 모두에게 내재해 있으며, 우리는 그 악에 지배당하지 않도록 투쟁해야 한다는 것을 알려주고 있다.

해골을 땅바닥에 내동댕이쳐 산산이 깨버린 것은 랠프가 괴물에게 거둔 작은 승리를 의미한다. 랠프도 그 해골이 꽂혀 있던 막대기를 무기로 삼는다. 양날이 있는 칼처럼 야만인들의 막대기를 사용해 자신을 보호하게 되는 것이다. 도망치는 동안에는 양쪽이 뾰족한 막대기를 들고 있다는 것을 알지 못하지만, 그 사실을 깨닫는 순간, 괴물에게 바치는 궁극적인 제물은 바로 자기 머리이고, 이것이 이 섬에서 괴물이 거두는 가장 큰 승리란 점도 깨닫게 된다.

주제탐색 해군 장교는 랠프가 원래 지니고 있던 순진무구한 도덕적 관념과 잭이 가진 악과 파괴의 본성을 동시에 나타내는 존재다. 장교와 마주친 랠프는 얼굴이 아니라, 장교라는 '부족'을 나타내는 표지, 즉 왕관과 닻과 금 잎사귀가 새겨진 모자, 견장과 단추가 있는 군복, 권총 등만 눈에 들어온다. 군인의 이런 장식물은 전쟁에 나가는 원시부족들이 몸에 칠하는 물감을 보다 문명사회에 맞도록 세련되게 만든 것에 지나지 않는다. 장교의 눈에 랠프는 무서운 원시부족에게 쫓기는 사냥감이 아니라, '목욕을 하고, 머리를 깎고, 코를 풀어야 하는' 소년으로 보일 뿐이다. 그리고 온몸에 칠을 하고 창을 든 잭 패거리는 '신나는 놀이'를 하는 아이들이다. 자기 역시 '신나는 놀이'에 참가하고 있는 것을 깨닫지도 이해하지도 못하지만, 이 장교가 잭의 사냥을 '신나는 놀이'로 본 것은 정확하다고 할 수 있다. 바깥 세계에서도 규모가 큰 '신나는 놀이'가 벌어지고 있으니까.

인물분석
노트

ㅇ 랠프

매력적이고, 어느 정도 사고력과 지도력과 문명사회의 예의범절을 갖춘 젊은이를 대표한다. 집회장소, 봉홧불, 숙소 등을 생각해낼 수 있는 상식도 지녔다. 피기의 지성을 받아들여 적용할 능력도 있으며, 막연한 두려움이나 미신은 생존에 장애가 된다는 것도 알고 있다. 그는 타고난 외교관이고 지도자다.

지도자적 자질은 처음부터 명백히 드러난다. (랠프 이외에 선거로 뽑힌 지도자는 아무도 없다.) 산 위에 있는 공수대원의 시체 때문에 발생한 위기 때도 상식을 동원해 조심스럽게 대처하고, 구조 희망에 초점을 두어 소년들을 이끌어간다. 바위 성채를 조사할 때는 괴물이 두렵지만, 혼자 살펴보러 간다. 긴장된 순간에도 예의를 잃지 않는다. 사이먼이 괴물의 존재를 믿지 않는다고 중얼거리자, '마치 날씨 이야기에 대답이라도 하듯 공손하게 말'하는 것이다.

랠프는 처음에는 예상되는 '모험'에 들뜨지만, 결국은 어른들 없이 아이들만 즐기는 모험에 대한 열정은 식고, 친숙한 것이 그리워진다. 집에서 편하게 시리얼과 크림을 먹으며 책을 읽고, 목욕하고, 몸단장을 하는 환상에 빠지는 것이다. 랠프는 예의범절을 지키는 문명인으로 생활했기 때문에 이 섬에서도 그러한 환경을 만들려고 했지만, 여러 가지 경험을 통해 너무 순진했다는 것을 깨닫게 되고, 순수성을 잃게 된다. 집회에서 결정된 사항을 지키는 소년들이 극소수에 불과하다는 사실에 좌절한 랠프는 냉소적으로 말한다. "우리가 회의를 너무 좋아하는 것 아냐?"

　　시간이 흐르면서 랠프는 체계적인 사고력을 잃기 시작한다. 회의 안건을 생각해내지 못하고, 막연한 상념에 사로잡혀 헤매는 것이다. 랠프의 의사표현력 상실은 소년들에게는 불길한 징조다. 그의 권위는 대석에서 나오고, 대석은 언어를 통한 의사소통이 가장 중요한 공동체의 운영과 문제 해결의 장이기 때문이다. 힘든 원시생활 때문에 옷이 너덜너덜해지는 것처럼 그의 지적 능력도 마모되어간다. 그러나 구조 기회가 사라지는 위기가 닥치자, 상황을 제대로 판단하고 정리하는 능력을 드러낸다.

　　랠프는 이런저런 고생과 공포에 지치면서 다른 소년들의 야만적인 행위에 점점 물들어간다. 그리고 순진성을 잃은 대신에 지금까지 몰랐던 인간의 본성을 자각한다. 악이란 모든 인간에게 내재하며, 피기로 상징되는 지성, 사이먼이 대표하는 신비주의와 영적인 힘, 그리고 랠프로 대변되는 희망과 꿈으로 이 악과 끊임없이 대결해야 된다는 사실을 깨닫는 것이다.

○ 잭

인간의 본성 중에서 어두운 면인 악과 폭력을 상징하는 인물이다. 성가대의 지휘자이자 학생회장으로도 활동했으며, 성가대원을 군대식으로 통솔하는 등 다른 사람들을 이끌었던 경험이 있다. 그는 규칙을 만들고 위반자에게 벌주기를 좋아하는데, 정작 자신은 이익이 되면 그 규칙을 어긴다. 주요 관심사는 사냥이다. 고기를 먹고 싶은 욕구에서 출발한 사냥은 점차 다른 생명체를 지배하고 죽이고 싶은 욕구를 불러일으켜 잠재하던 그의 야수성을 드러내게 한다.

그가 랠프와 협력해서 소년들에게 도움이 되는 방향으로 행동하지 않고, 소년들을 지배하려고 하자 섬에서 갈등이 일어난다. 그는 자주 소라의 권위에 도전하고, 섬의 일정 지역에서는 소라의 규칙이 적용되지 않는다고 주장하면서도 자신에게 이익이 되면 소라를 이용한다. 예를 들어, 랠프를 탄핵할 때는 소라를 불어 집회를 여는 것이다. 그는 소라가 자기 마음대로 행동하지 못하도록 규칙과 경계를 만드는 것으로 인식하고, 이런 규칙과 경계가 지배하는 사회에 대해 급속도로 흥미를 잃어간다. 따라서 봉홧불을 계속 피우는 책임 등, 소년들의 구조와 생존에 필요한 일들을 내팽개치면서도 양심의 가책을 느끼지 않는다.

소년들이 산 위에 보이는 괴물 때문에 공포에 떨 때 그의 독재자적 성향이 두드러지게 나타난다. 랠프를 탄핵하기 위해 그의 말꼬리를 잡고 늘어지며 말재주를 피우고, "랠프는 우리에게 고기를 먹여준 적이 없어"라고 말하면서 마치 사냥 능력이 지도자의 자질인 것처럼 억지를 부린다. 그는 자신에게 도움이 되거나 말을 잘 듣는 소년만 가치가 있다고 보며, 조금이라도 반항하면 말을 막으려고 한다. "우리에게는 이제 소라가 필요 없어. 누가 발언해야 하는지 잘 알고 있잖아"라며, 질서를 지키자는 규칙도 필요 없다고 한다. 사냥대원들에게는 괴물에 대해서는 잊어버리고 악몽도 꾸지 말라고 명령한다.

그는 자신을 '추장'이라고 부르게 하는데, 이런 추장의 역할은 재미로 하는 것이 아니다. 사이먼을 죽인 날 밤에 완전히 권력에 도취되어, 온몸에 칠을 하고 꽃다발을 걸치고는 커다란 통나무에 앉아 멧돼지고기를 구워 축제를 벌인다. 원시부족의 추장이 된 것이다.

'이 섬에서 말썽을 일으키는 것은 몰상식한 일'이라는 피기의 말처럼, 잭은 논리나 상식과는 완전히 다른 길을 걷고 있다. 사이먼이 죽자 그는 피해망상 증세를 보이며, 사냥대원들에게 거짓 정보를 주입시킨다. 거짓 정보를 유포시켜 구성원들의 사고를 집단적으로 움직이려고 드는 것은 독재자의 전형적인 수법이다.

섬에서 '무책임한 권위'를 휘두르는 즐거움을 맛본 잭이 문명사회로 되돌아갈 수 있을 것 같지는 않다. 해군 장교가 누가 책임자냐고 묻자, 잭이 나서다 멈칫한다. 이제는 문명사회의 법이 지배하게 되리란 점을 알아차렸기 때문일 것이다.

○ 피기

시력이 나쁘고, 뚱뚱하며, 천식을 앓고 있는 지적인 인물이다. 다른 아이들보다 아는 것은 훨씬 많지만, 신체적으로는 제일 허약하다. 그는 이성적인 세계를 상징한다. 자주 자기 이모의 말을 인용하기 때문에 이 소설에서 유일하게 여성의 견해를 밝히는 인물로 설정되어 있다.

그는 랠프의 자문관 역할을 통해 지적 능력을 발휘한다. 지도자의 자질이 없고, 다른 소년들과의 교감을 형성하지 못하기 때문에 직접 지도자가 되지는 못한다. 그리고 사회적 관습에 너무 의존한다. 소라를 쥐고 있으면 소년들이 당연히 자신의 말에 귀를 기울일 줄로 믿는 것이다.

그는 섬에 조금이라도 문명사회의 흔적이 남아 있으면, 그것을 지키려고 필사적인 노력을 기울이고, 죽을 때까지도 자신을 둘러싼 상황에 대한 시각을 바꾸지 않는다. 다른 소년들처럼 생각할 줄 모르는 것이다. 인생에 대한 그의 접근 방법은 권위를 지닌 어른들 세계의 가치관과 태도에서 비롯된 것으로, 당연히 모두가 그 가치관과 태도를 가져야 된다고 생각한다. 사이먼과 괴물의 문제를 처음으로 제기했던 꼬맹이의 죽음에 관해 말할 때도, "어른들이라면 어떻게 생각할까?"라고 묻는다. 마치 죽음 자체를 슬퍼하기보다는 아이를 죽게 만든 가치관, 윤리, 규율의 상실을 슬퍼하는 것 같다.

○ 사이먼

예술적이고 종교적인 품성이 있으며, 앞일을 내다보는 예언가적 기질이 있다. 눈동자에서도 그런 속성이 드러난다. “그 눈동자는 너무 밝아서, 랠프는 사이먼이 아주 장난을 좋아하는 아이로 착각했다.” 피기의 안경은 앞일과 진실을 내다보는 것을 상징하는 반면, 사이먼의 밝은 눈동자는 또 다른 종류의 앞일과 진실을 꿰뚫어보는 것을 상징한다.

기절을 하는 등 신체적으로 허약할 뿐만 아니라, 약한 소년들에게 끊임없이 관심을 기울인다는 점에서 남다른 면을 가지고 있다. 꼬맹이들은 사이먼을 따르며, 그는 마치 성자나 예수처럼 꼬맹이들의 손이 닿지 않는 곳에 있는 과일을 따준다. 잭이 피기의 얼굴을 쳐서 안경이 떨어졌을 때도 사이먼이 잭과 맞서며 안경을 찾아준다. 밀림에는 자신만의 비밀 장소도 가지고 있다.

그는 ‘인간에게 내재하는 사악한 본성’과 불지불식간에 다른 사람을 지배하려고 하는 ‘인간의 본질적인 병’이란 추상적인 개념을 이해하게 된다. 그가 마음속에 떠올리는 괴물의 형상은 ‘영웅적이면서도 병적인 인간의 모습’이다. 사악한 본성으로 일그러진 인간의 이미지는 바로 인간을 보는 작가의 시각이다. 주류에 속하는 사람들 대부분은 예언자나 신비주의자를 이해하지 못하고 두려워하거나 무시하기 때문에 사이먼 같은 인물들은 사회의 주변에서 서성거릴 뿐이다.

피기와 랠프는 어른을 지식인으로 정의하지만, 사이먼은 지식의 어두운 면을 꿰뚫어본다. 막대기에 꽂힌 멧돼지 머리의 눈은 '어른이 살아가면서 가지게 되는 무한한 냉소로 흐릿하다'. 어른이란 이 소년들의 상상처럼 문명사회의 예의범절과 능력을 소유한 사람이 아니다. 사이먼은 소년들이 두려움과 맞서 가짜 괴물의 실체를 이해하고 진짜 괴물은 산 꼭대기가 아니라 각자의 마음속에 있다는 것을 깨닫고 살아가도록 해야 한다고 느끼고 산 위에 있는 괴물의 정체를 밝힌다.

용감하게 괴물의 실체를 확인하는 사이먼은 예언자의 소명을 완수한다. 그러나 소년들은 예언자의 계시를 받아들이거나 이해할 준비를 갖추지 못했다. 그는 소년들에게 계시를 알려줄 수 있는 기회를 갖는 것이 아니라, 오히려 소년들이 도저히 떨쳐버릴 수 없는 공포의 제물이 되어 죽는다.

○ 샘너릭 형제

샘너릭 형제(샘과 에릭)는 문명사회의 사교적인 인물을 상징한다. 일란성 쌍둥이인 이들은 언제나 붙어 다니며, 처음에는 구조를 제일 중요하게 생각하지만, 곧 야만인들의 흉포한 힘에 압도당한다. 이들은 권력을 잡고 있는 자가 누구든,

그들이 정해 놓은 규칙에 순응하는 일반 대중을 나타낸다. 샘 너릭 형제는 잭의 위협에 쉽게 굴복해 봉홧불 관리 임무를 저 버린다. 자기들 때문에 구조 기회를 놓쳐버려 화를 내는 랠프 를 뒤에서 조롱하기도 한다.

광란의 축제에서 사이먼이 죽자, 자신들도 목숨을 잃게 될까봐 두려워한다. 잭 패거리에게 붙잡힌 형제는 생명을 보 전하기 위해 랠프를 배신한다. 이들은 누가 권력을 잡든 비위 를 맞추려고 하기 때문에 문명사회에 쉽게 동화될 것이다.

○ 로저

다른 사람들을 괴롭히기 좋아하는 인물을 상징한다. 그 는 단순히 다른 사람을 괴롭히는 것을 즐긴다. 1장에서는 '다 른 아이들을 피하는, 비밀을 간직한 소년'으로 그려진다. 어떤 면에서는 잭보다 더 사악하다는 것이 바로 그의 비밀이다. 문 명사회에서 사는 동안은 자신의 충동을 조절하고 가면으로 가 려야 했지만 '무책임한 권위'를 휘두르는 잭이 통치하는 사회 에서는 잔혹성을 마음껏 발휘할 수 있는 기회를 갖게 된다. 처 음에는 헨리에게 돌을 던질 때 일부러 빗맞힌다. 헨리의 주위 를 '부모, 학교, 경찰, 법 등이 보호하고 있어서 팔이 자동적으 로 순응했던' 것이다. 그러나 일단 잭 패거리에 합류하면서 충 동을 조절할 필요가 없게 되자 결국 돌을 굴려 피기를 죽인다.

그는 잭의 야만인 집단에서 사형집행인이라는 핵심적

인 지위를 확보한다. 바위 성채의 꼭대기에서 밑을 내려다보
는 그의 눈에는 '랠프는 머리털, 피기는 지방덩어리에 불과했
다'. 자기 집단에 속하지 않는 아이들은 인간이 아니라고 머릿
속에서 규정짓자, 무슨 짓을 하든 거리낌이 없어져 희열을 느
끼며 돌을 굴려 피기를 죽인다.

마무리
노트

주요 주제들

　　작가는 이 소설에서 인간의 악이라는 복잡한 주제를 펼치고 있다. 여기서 다루는 인간의 악은 본성에 내재된 악뿐만 아니라, 그 악의 원인, 영향, 구체적으로 드러난 모습을 모두 포괄한다. 이 주제를 다루기 위해서는 인류가 이 악과 싸우는 데 사용하는 방법론, 이념과 그 방법론의 효과에 관해 면밀히 관찰해야 한다. 작가는 정교한 우화적인 장치를 동원해 이 주제와 씨름하고 있다.

●악의 문제

　　1954년 이 소설이 발표되었을 때, 작가는 홍보용 글에서 〈파리대왕〉의 주제는 '인간 사회의 결점을 인간 본성의 결점에서 찾으려는 시도'라고 밝혔다. 그러나 1982년의 수필집 "움직이는 표적"에서는 그 주제를 간단히 '슬픔, 순전한 슬픔, 슬픔'이라고 말했다. 이 소설은 물론 랠프가 각자의 마음속에 찍힌 지울 수 없는 악의 상흔을 슬퍼하는 장면으로 끝난다. 랠프는 그 악이 친구들과 자신을 지지했던 아이들에게 어떤 영향을 끼쳤는지 직접 보기 전에는 악의 존재 자체를 몰랐다. 소년들은 부지불식간에 같은 집단에 속하지 않는 아이들을 지배하려고 했다. 그들은 다른 아이들에게 고통을 가하려는 충동이 자기들 안에 있다는 것을 발견하게 되었고, 그 과정에서 생성되는 권력을 즐겼다. 문명사회의 이성과 동물이 지닌 야수성 사이에서 선택을 강요당한 소년들은 랠프로 대변되는 문명사회의 가치관을 저버렸다.

인간 역사를 통틀어, 지구 곳곳에서 사람들은 항상 이와 똑같은 선택을 했으며, 지금도 하고 있다. 작가는 바로 이런 것에서 느끼는 슬픔을 전달하려고 했다. 야수성이란 특정 환경에 처한 특정인에게만 국한된 것이 아니라, 인간 본성에 잠재한 보편적 속성이란 점을 나타내기 위해 표면적으로는 순진무구해 보이는 학생들을 열대의 무인도라는 환경에 떨어뜨렸다. 잭을 비롯한 야만인들이 처음에는 멧돼지, 나중에는 랠프를 사냥하면서 보여주는 잔인한 지배욕을 꼬맹이들도 똑같이 드러낸다. 소년들이 무인도에 오게 된 것도 다른 사람들을 지배하려는 욕구에서 비롯된 어른들의 전쟁 때문이다.

다른 사람들을 지배하고 싶은 욕구를 마음껏 발산한 소년들이 이해할 수도 없고, 인정할 수도 없는 힘에 사로잡히는 것은 역설적이다. 파리대왕은 사이먼에게 "너희들이 괴물을 사냥해서 죽일 수 있는 것이라고 생각하다니 정말 가소롭다"며, 소년들이 자기들 내부의 야수성을 무서운 괴물 같은 외부의 형체로 나타내려고 하는 것을 비웃는다. 사이먼은, 인간의 악이란 단순히 인간 본성을 구성하는 하나의 요소일 뿐만 아니라, 적극적으로 자신을 표현하려는 본질이란 계시를 받는다.

● 폭력의 배출구

　　인간 사회는 대부분 공격적인 충동을 생산적인 일로 돌리는 체제를 갖추고 있다. 섬에서 잭의 사냥대원들은 원래 갖고 있던 폭력적인 성향을 밖으로 끌어냈기 때문에 고기를 먹을 수 있었다. 이런 폭력은 구성원들의 음식 마련 등, 집단의 욕구에 부응하는 이성적인 것일 때는 긍정적인 결과를 낳는다. 그러나 쾌감을 얻기 위해 폭력을 행사하고, 그 결과가 사회적 · 도덕적 가치를 상실하면, 폭력은 사악해지고 야수성을 띠게 된다.

　　폭력은 현대 사회에서도 계속 존재하고 있으며, 군대와 경찰 같은 기구로 제도화되어 있다. 작가는 소년들이 민주적인 집회를 여는 과정을 보여주면서 이 주제를 탐구하고 있다. 잭은 권력을 쟁취하려고 언어적인 폭력을 구사하고, 사냥대원들이란 무력 집단을 형성해 집회를 방해하는데, 이 무리는 결국 소규모의 군사독재 집단으로 발전한다. 소년들의 집회는, 언어 사용 이전의 원시인들의 집회에서부터 현대의 정치 기구의 모습까지 다양한 양상을 보여준다. 이것은 정치적 집회의 외관은 수천 년에 걸쳐 변모를 거듭했지만, 결국 집회를 지배하는 본질적인 역학은 조금도 변하지 않았다는 것을 나타낸다. 소년들이 지도자를 뽑을 때 어떻게 감정에 좌지우지되는지 살펴보자. 랠프가 지도력을 발휘해서가 아니라 사람을 끄는 매력이 있었고, 우연히 소라를 들고 있었기 때문이다. 소년들이 랠프와 랠프가 상징하는 이성적인 민주주의를 저버리고 잭 패거리에 합류하는 것도 몸에 물감을 칠하고, 원시인의 춤을 추는 등 그 생활이 재미있을 것 같기 때문이다. 이렇게 감정에 따라 정치적 행태를 결정하는 것은 자신들을 폭력에 노출시키는 위험성을 안고 있다. 폭력 역시 감정의 영역에 속한다.

그러나 거시적인 관점에서 보면 잭의 주요 관심사는 재미난 놀이가 아니라, 전쟁이다. 이 개념은 소설의 끝부분에서 명확하게 드러난다. 해변에서 장교와 마주친 랠프는 그 얼굴이 아니라 군복과 권총을 먼저 보게 된다. 이것은 장교라는 부족을 나타내는 표지판 같은 것이다. 군복에 붙어 있는 장식물들은 원시인들이 전쟁에 나갈 때 몸에 칠하는 물감을 상징한다. 장교가 타고 온 배는 잭의 부족이 랠프를 사냥하듯이 적을 사냥하고 있는 것이다.

●공포가 미치는 영향

작가는 공포가 미치는 영향을 개인적 · 집단적 측면에서 다루고 있다. 공포는 개인적으로는 현실을 왜곡시킨다. 예를 들어, 샘너릭 형제는 산정에서 죽은 공수부대원이 움직이는 모습을 보고 낙하산이 펄럭이는 소리를 들었을 뿐인데도, 괴물이 도망치는 자신들을 잡으려고 했다고 믿는 것이다. 다른 소년들이 이 형제의 말을 듣고는 공포의 집단적 역학이 작용하기 시작한다. 소년들은 힘을 합쳐 이 무서운 상황을 극복하려고 하는 것이 아니라, 자신들이 지닌 가장 저급한 충동에 몸을 맡긴다. 공포와 야수성이 뒤섞인 광란의 도가니 속에서 서로 분열되어 동료를 죽이는 것이다.

●말과 침묵

작가는 문명사회에서 말의 역할이란 주제를 상당히 세밀하게 파헤치면서, 말을 통한 의사소통은 문명사회만이 가지는 속성이며, 야만의 세계는 비언어적이거나 침묵이 지배한다는 점을 강조한다. 밀림에도 짐승들 소리가 있지만, 밀림 그 자체는 침묵을 뿜어낼 뿐이다. 잭 같은 사냥꾼도 밀림의 침묵에 두려움을 느낀다. 사실 소년들은 모두 침묵을 위협적인 것으로 받아들인다. 집회에서 소라를 들고 있는 소년이 침묵을 지키면 모두 안절부절못한다.

소라는 이 주제에서 중요한 역할을 한다. 소라는 집회에서 말할 수 있는 힘을 나타낼 뿐만 아니라, 인간과 동물을 구분하는 능력, 즉 말의 힘 그 자체를 나타내기 때문이다. 피기가 죽고, 소라가 부서지자 '완벽한 침묵이 흘렀다'. 마치 피기가 이 섬에서 인간의 지성이나 인간성 자체를 지키던 마지막 보루였던 것처럼.

언어를 사용한 의사소통은 추상적인 사고력을 개발시키는 데 결정적인 역할을 한다. 랠프는 "생각할 시간만 좀 있으면!"이라고 한탄한다. 문명사회에는 개개인이 정신 활동을 할 수 있는 제도가 마련되어 있다. 사이먼은 밀림에다 비밀 장소를 만들어 이런 곳으로 삼았다. 그는 괴물의 정체에 대해 생각하려면 침묵이 필요하다는 것을 알고 있었다. 소년들이 극히 두려워하는 괴물의 실체를 알아낸 소년은 사이먼밖에 없다. 파리대왕이 말을 건 아이도 사이먼이었다. 파리대왕은 사이먼에게 말을 걸기 위해 죽음이라는 절대적인 침묵을 깨뜨려야 했다. 작가는 침묵은 매우 위협적인 존재라고 말하고 있다. 죽음은 절대적인 침묵과 모든 희망이 사라지는 것을 나타내기 때문이다.

소라가 지닌 상징적인 힘이 아직 소년들에게 영향을 미칠 때는 그들이 이 섬에서 작은 집단을 이루어 평화롭고 생산적으로 지낼 희망이 있었다. 그러나 질서를 지키며 대화를 나누는 체제가 사라지면서 랠프의 영향력도 사라진다.

괴물의 개념, 정체, 구체적으로 드러난 모습

소년들은 이 세상의 악은 자신의 내부가 아니라 외부적인 힘에 의해 발생한다고 생각하는데, 작가는 그것을 소년들이 이상한 괴물에 대해 느끼는 공포심을 통해 나타내고 있다. 소년들은 처음에는 괴물이 밀림의 덩굴로 변장한 뱀처럼 생긴 동물이라고 상상하다가 나중에는 바다에서 왔거나 유령 같은 모호한 존재일지도 모른다고 생각한다. 그러다가 산 위에 떨어진 공수부대원의 시체를 보게 되자, 괴물이 존재한다는 증거를 발견했다고 확신한다. 그러나 괴물은 섬을 떠돌고 있다. 다만 소년들이 상상하는 형태를 띠고 있지 않다.

●개념

작가는 이 소설에서 인간 본성의 어두운 면을 그리고 싶어했으며, 인간은 모두 이 어두운 본성을 가지고 있다는 것을 강조하려 했다. 소년들은 자신들이 지닌 저급한 충동은 모두 섬에 살고 있는 동물이나 초자연적 존재인 괴물에서 비롯된다고 생각한다. 그러나 소년들이 동물적 충동에 따라 행동하는 동안 바로 그 괴물이 되고 있다. 괴물은 외부에서 온 것이 아니다.

●정체

작가는 잭을 비롯한 사냥대원들의 실제 행동과 사이먼의 머릿속에 떠오르는 추상적인 개념을 통해 괴물의 정체를 전달하고 있다. 사이먼은 사냥대원들이 암퇘지를 죽여 머리를 자르는 광경을 목격하고 괴물의 정체에 관한 계시를 받게 된다. 그는 그 행동에 참여하지 않고 방관자로 목격했기 때문에 멧돼지를 도살하는 행위의 잔혹성을 깨닫는 것이다. 암퇘지의 머리를 파리 떼가 덮는다. 파리들은 죽은 암퇘지에게 자비심과 동정심을 느끼거나 감정이입을 할 수 없다. 다만, 먹고 번식하려는 욕구에 따라 행동할 뿐이다. 자비심과 동정심은 인간과 동물을 구분하는 중요한 요소다. 그런데 잭은 꼬맹이들이나 허약한 피기에게 자비심과 동정심을 느끼지 않는다. 사냥대원들도 곧 자비심을 잃어버린다. 사냥을 해서 고기를 얻고, 패거리 숫자를 늘리며, 가담하지 않는 아이들은 죽이려고 할 뿐이다.

사이먼이 환각 상태에 빠지자 막대기에 꽂힌 멧돼지 머리가 이 섬에 위협적인 존재는 소년들 자신이라는 사이먼의 생각이 옳았음을 확인해 준다. "너는 알고 있었어, 그렇지? 나는 너희들의 일부분이지? 아주, 아주, 아주 비슷하잖아. 내가 있어서 제대로 되지 않는 거지, 일이 이렇게 돼가고 있는 거지?"

유대교와 기독교에서 악마란 개념의 사탄에 대응하는 그리스어가 Beelzebub인데, 이 말을 직역하면 '파리대왕'이 된다. 그런데 파리는 동물의 시체와 배설물을 먹고 산다. 사이먼은 집회에서 "이 세상에서 가장 더러운 것이 뭐냐?"고 묻는데, '악'이란 대답을 기대한 질문이었다. 또 썩은 것과 죽음이라는 대답도 기대한다.

잭은 '괴물은 사냥꾼'이라고 단언하는데, 이 말은 자신도 문제의 일부분이자 소년들이 느끼는 공포의 원인이라는 것을 부지불식간에 자인한 셈이다. 잭은 권력을 차지하려고 동

료들에게 야만적인 행동을 서슴없이 자행하며, 패거리들에게
도 권장한다. 패거리들 앞에 앉은 잭에게, "권력이 마치 유인
원처럼 귀에 대고 속삭였다." 잭의 어깨에 올라앉은 악마는
다른 소년들을 지배하려고 하는 그의 야수성이다.

작가는 소년들이 '괴물'이라고 부르는 인간의 어두운
본성을 완벽하게 그려내려고 잭이 야수로 변해가는 과정과 사
이먼이 환각 상태에서 받게 되는 계시를 나란히 보여주고 있다.

●구체적으로 드러난 모습

악이란 특정인이나 상황에 국한된 것이 아니란 점을 나
타내는 것도 작가가 이 소설을 쓴 의도라고 할 수 있다. 괴물
은 사냥꾼들이 사냥할 때 추는 춤, 몸에 칠하는 물감, 그리고
사람 사냥 등에서 구체적인 모습을 드러낸다. 바깥 세계에서
는 권력을 쟁취하고 사람을 지배하려고 하는 괴물이 핵전쟁으
로 그 모습을 드러내고 있다. 전쟁이 일어나기 전에도, 피기처
럼 항상 핍박을 받는 아이들은, 근심걱정 없는 아이들이 밝게
뛰노는 장소라고 흔히 생각하는 학교 운동장에서 괴롭힘을 당
했다. 문명사회에서는 괴물은 여러 가지로 그 모습을 드러낸다.
군대 같은 공인된 장을 통해 드러나기도 하고, 광기나 범죄 행
위 같은 용납되지 않은 형태를 띠기도 한다. 그리고 정치나 비
폭력적인 힘겨루기로 진행되기도 한다. 〈파리대왕〉에서 작가
는 악이란 인간 모두에게 또 어느 곳에나 존재한다는 것을 보

여주고 있다. 따라서 인류가 해야 할 일은, 악의 근절이라는 불가능한 과제보다는 악이 인간 생활을 지배하는 힘이 되지 않도록 억제하는 것이다.

〈파리대왕〉의 우화식 구조

우화란 도덕적인 교훈을 가르치려고 꾸며낸 짧은 이야기를 뜻한다. 우화 중에서 가장 널리 알려진 것은 이솝 이야기라고 할 수 있다. 여기에는 말하는 동물들이 주인공으로 등장하는데, 이야기는 "천천히 그러나 꾸준히 달리는 자가 경주에서 이긴다"라는 식의 너무나 뻔한 교훈으로 끝난다. 따라서 1차원적인 주인공들과 아주 단순한 줄거리로 구성된 이솝 이야기가 전달하는 교훈에 관해서는 논란의 여지가 거의 없다. 작가는 〈파리대왕〉을 우화라고 규정했다. 그러나 이 소설은 이솝 우화와는 달리 논란의 여지가 많다.

작가는 각각 특징적인 성품을 지닌 생생한 인간을 등장시켜 교훈을 주려고 한다. 이 주인공들이 서로 영향을 주고받는 과정과 환경에 부딪히는 과정에서 그들이 대변하는 힘도 서로 관계를 맺는다. 이런 설정을 통해 작가는 단순한 대립 구도가 아니라 풍부한 의미를 전달할 수 있게 된다. 이솝 이야기에 등장하는 동물들과는 달리, 인간은 자신의 의식 세계가 지닌 가치관에 어긋나는 행동을 하는 경우가 흔하다. 랠프 역시 마찬가지다. 그는 자신이 경멸하는 야만인들과 같이 야만적인 행동에 동참한다. 인간은 특수한 환경에서는 잔인한 행동을 할 수 있다는 현실적인 시각을 보여주는 장면이다.

다른 주인공들도 복합적인 성품을 보여준다. 예를 들어, 피기는 과학적인 이성주의자로, 다른 아이들보다 알고 있는 것도 훨씬 많고, 머리도 좋다. 그러나 다른 아이들을 자기 말에 귀 기울이게 하는 방법은 알지 못한다.

작가는 독자들에게 도덕적인 교훈을 주려고 하지만, 이솝 이야기처럼 직접적이지도 명확하지도 않다. 우화가 끝날 무렵, 독자들은 악은 잭으로 대표되는 무력을 휘두르는 자들에게만 국한된 것이 아니고, 평화주의자 랠프도 경우에 따라서는 야만인들이 벌이는 잔인한 행동에 참여한다는 사실을 알게 된다. 과학이나 상식이 인간을 구원해 주지 않는다는 것도 깨닫는다. 피기는 계속 조롱당하다가 결국에는 살해되는 것이다. 인간 조건에 관한 신비로운 계시나 앞일을 내다보는 통찰력도 우리를 구원해 주지 않는다는 것도 알게 된다. 사이먼의 최후가 그것을 말해 준다. 독자들은, 인간에게는 모두 악이 깃들어 있으며, 이것을 치유할 수 있는 교훈 같은 것은 없다는 사실을 깨닫게 된다. 이 우화는 복잡한 인간의 본성을 드러내 우화 식 구조에 깊이를 더하고 있으며, 복잡한 도덕적 교훈을 던져준다.

A 다음 질문에 답하시오.

1. 소라는 무엇을 상징하는가?
   a. 마음대로 사냥하고 싶은 잭의 욕구
   b. 결국에는 영국으로 돌아가는 것
   c. 문명사회의 토론

2. 로저는 랠프를 잡으면 사용하려고 막대기의 양쪽 끝을 뾰족하게 깎는데, 그 용도는 무엇인가?

3. 피기의 안경은 무엇을 상징하는가?
   a. 주지주의(主知主義)
   b. 숙소를 지을 수 있는 것
   c. 앞일을 내다보는 신비한 능력

4. 암퇘지는 무엇을 하다 잭을 비롯한 사냥대원들의 공격을 받는가?

모범답안: 1. c 2. 암퇘지의 머리를 잘라 막대기에 꽂은 다음, 땅에 그 막대기를 박아 놓았듯이 랠프의 머리를 그렇게 하려고. 3. a. 4. 새끼들에게 젖을 먹이고 있었다.

B 원작에서 다음 인용문을 찾아, 그 장면에 대해 설명하시오.

1. 괴물은 사냥을 해서 죽일 수 있는 것이라고 생각하다니 정말 가소롭구나! 너는 알고 있었어, 그렇지? 나는 너희들의 일부분이지? 아주, 아주, 아주 비슷하잖아. 내가 있어서 제대로 되지 않는 거지, 일이 이렇게 돼가고 있는 거지?

2. 여기는 우리들의 섬이야. 아주 훌륭한 섬이지. 어른들이 우리를 데리러 올 때까지 재미있게 놀 수 있는 거야.

3. 나도 랠프와 같은 의견이야. 우리는 규칙을 정해서 그것에 따라야 해. 우리는 야만인이 아니니까… 일을 올바로 해야 해.

4. 우리 사정이 어려워지고 있어. 왜 그런지는 나도 모르겠어. 시작은 좋았어. 아주 기분이 좋았고… 그런데 공포에 떨기 시작했어.

5. 내 말 뜻은… 아마, 그것은 우리 자신일지도 모른다는 거야.

6. 너는 네가 원래 있던 곳으로 돌아가게 될 거야.

모범답안: 1. 괴물은 밀림에 있는 것이 아니라, 소년들의 마음속에 있는 것이 아닌가, 하고 생각하는 사이먼의 의구심을 확인시켜주는 파리대왕의 말. 2. 섬에서 지내게 된 첫날, 랠프가 집회에서 소년들에게 자신의 기대와 희망에 대해서 한 말. 3. 섬에서 지내게 된 첫날, 잭이 자신의 기대에 대해서 한 말. 4. 랠프가 소년들의 악몽과 공포에 대해 토론하려고 집회를 열면서 한 말. 5. 사이먼이 괴물의 정체에 대해 토론하는 집회에서 자신이 느낀 점에 대해서 한 말. 6. 사이먼이 랠프는 고향으로 돌아가게 될 것이라고 예언하는 말.

C 다음 질문에 대해 간단히 서술하시오.

1. 5장에서 작가는 이렇게 말하고 있다. "순간 대석은 서로 말로 다투며 몸짓을 하는 그림자로 가득 찼다. 앉아 있던 랠프는 이 광경을 보자 소년들이 제정신을 잃고 있는 것처럼 생각했다." 제정신을 갖고 있다는 것을 여기서는 어떻게 정의하고 있는가? 이 소설에서는 제정신을 갖고 있는 것과 미친 것을 어떻게 알아볼 수 있다고 말하는가? 이것 이외에 제정신을 잃은 예로 든 것은 무엇인가?

2. 다음과 같은 피기의 말은 어떤 관점을 나타내고 있는지 설명하라. "물론 귀신은 없어. 왜냐하면 귀신이 있다면 세상에 있는 것은 의미가 없어지기 때문이지. 집이라든가, 거리라든가, 텔레비전이라든가, 이런 것들은 모두 제대로 돌아가지 않을 거야."(5장) 초자연적인 것이 존재한다면 기술은 제 기능을 다하지 못하게 될 것이라는 피기의 말은 무엇을 의미하는가?

3. 랠프는 12장에서 다음과 같이 말한다. "자신과 잭 사이에는 딱 꼬집어서 얘기할 수 없는 묘한 관계가 있지 않은가. 그러므로 잭은 결코 자기를 그냥 내비려두지 않을 것이디." 그 관게라는 것은 무엇인가? 그 관계는 어떻게 형성되며, 무엇을 의미하는가?

4. 사이먼이 파리대왕과 대면하는 장면이다. "사이먼의 시선은 옛날부터 내려온 피할 수 없는 인식의 끈에 의해 붙들려 있었다."(8장) 작가는 어떤 인식을 말하고 있는가?

5. 앞일을 내다보는 사이먼은 왜 자신이 속한 집단에서 추방자로 취급당하는가? 사이먼이 속한 사회에서 또 누가 앞일을 내다보기 때문에 추방자로 취급당하는가?

6. 작가는 잭과 파리대왕을 연결시키기 위해 어떤 색깔을 사용하고 있는가? 주인공이나 상징성을 나타내기 위해 작가가 색깔을 사용한 예는 또 어떤 것이 있는가?

7. 11장에서 랠프가 집회를 소집하겠다고 발표하자 소년들은 침묵으로 대응한다. 이 소설에서 침묵과 말은 어떤 기능을 하고 있는가, 또 소년들은 왜 침묵을 두려워하는가?

8. 3장에서 피기가 소년들에게 묻는다. "먼저 해야 될 일을 먼저 하지 않고, 또 제대로 행동하지도 않으면서 어떻게 구조되기를 바랄 수 있니?" '제대로 행동한다'는 것은 무엇을 의미하는가? 왜 피기는 제대로 행동하면 구조될 수 있다고 생각하는가? 피기의 이런 생각과 지나던 군함이 실제로 연기를 보게 된 이유를 비교하라.

9. 다음 구절은 누구, 또 무엇에 대한 것인가? "사냥, 전술, 너무 좋아서 사나울 정도로 날뛰는 것, 기술 등, 이런 것들이 반짝거리며 빛을 발하는 세계가 있었다. 또 한편으로는 갈망, 상식이 혼동되어 어리둥절할 수밖에 없는 세계가 있었다."(4장) 이 두 세계는 인간성의 어떤 면을 나타내고 있는가?

10. 이 소설에서 인간을 '영웅적이면서도 병적'인 존재로 그리고 있는 예를 들어보라. 또 인간의 역사라는 큰 배경 속에서 그 예를 들어라. 작가는 '병적인 상태'를 치유할 수 있는 방법을 제시하고 있는가?

一以貫之

논술노트

- 폭력과 성스러움
- 실전 연습문제

一以貫之는 '논어'에 나오는 말로 '모든 것을 하나의 이치로 꿴다'는 뜻입니다.

논술의 주제와 문제 유형, 제시문들은 참으로 다양하고 가지각색입니다. 그러나 그 모든 것을 하나로 꿸 수 있습니다. '인간사회의 보편적 문제들에 대한 근원적인 물음에 답하는 자기 나름의 견해'라는 것이지요. 논술은 인간이면 누구나 부닥치는 개인적 또는 사회적 문제들에 대한 자기 나름의 고민이자 성찰입니다. 논술은 자기견해, 자기 가치관, 자기 삶에 대한 솔직한 고백입니다.

一以貫之 논술 연구모임은 '자신의 물음'과 '자신의 생각'을 갖고 '자신의 글'을 쓸 수 있도록 도와줍니다.

〈집필진〉
김법성, 이호곤, 우한기, 박규현, 김재년, 김병학, 도승활, 백일, 조형진, 우효기

폭력과 성스러움

인간의 본성

우리는 종종 사람에 대한 판단을 한다. "그 사람은 천성이 착해." 이처럼 그 사람의 천성이나 본성이 착하니 어떠니 하는 말에는 본성이 사람에 대한 판단에 직간접적인 영향을 주기 때문이다. 인간 본성에 대한 물음은 오늘날의 문제만은 아니다. 맹자는 물에 빠진 아이를 보고 측은지심(惻隱之心)을 이야기하고, 공자를 이어받은 주자는 인간의 천성에 대해 천연지성(天然之性)을 말한다. 이러한 본성 탐구는 인간을 어떻게 바라보느냐와 인간 사회를 어떻게 조직하는 것이 올바르냐는 문제와도 직접적으로 연결되어 있다.

월리엄 골딩은 〈파리대왕〉에서 인간 본성에 대한 탐구를 진행한다. 이것은 일종의 사유실험이다. 아무도 없는 무인도에 사내아이들만 떨어뜨려 놓으면 어떤 일이 벌어질까? 골딩은 이 실험에서 아이들이 서로 살육을 저지르고 야만의 상태에 도달하는 모습을 통해 인간에 내재한 폭력성과 야만성을 보여준다.

물론 이 소설을 인간 본성에 대한 탐구로 보기에는 그 폭이 좁은 감이 없지 않다. 즉 소설은 당시 사회에 대한 정치적 은유로 읽을 수도 있고, 성서적 상황의 비유로도 읽을 수 있기 때문이다. 그러나 어떠한 방향으로 읽든지 간에 이 소설의 중심에는 골딩이 바라보는 인간에 대한 이해가 들어 있고, 그 이해를 명확히 드러내지 않으면 성서적 관점이건 정치적 맥락의 은유건 그 의미가 제대로 드러나지 않을 것이다.

폭력

랠프는 그들이 자기를 가만히 내버려둘지도 모르고, 추방자 취급을 할지도 모른다고 생각해 보았다. 그러나 의문의 여지가 많았다. 이어 불길한 예감 같은 것이 엄습해 왔다. 박살난 소라, 피기와 사이먼의 죽음이 습기처럼 섬을 내려덮고 있었다. 얼굴에 색칠을 한 이들 야만인들은 더욱더 고약해지리라. 게다가 자기와 잭 사이에는 딱 꼬집어서 얘기할 수 없는 묘한 관계가 있지 않은가. 그러므로 잭은 결코 자기를 그냥 내버려두지는 않을 것이다. 결코…

골딩은 이 실험의 끝에서 인간의 폭력성을 보여준다. 서로가 서로를 죽이는 모습을 통해 인간은 근원적으로 폭력적이며, 자연 상태에서는 야만의 상태로 빠질 수밖에 없다고 말한다. 이러한 결말은 대략 두 가지 측면에서 검토될 수 있다. 하나는 인간의 타고난 폭력적 본성의 측면이고, 다른 하나는 야만으로 치닫고 있는 현실 사회에 대한 비유로 볼 수 있다. 그러나 어찌되었건 두 해석의 중심에는 인간의 폭력적 본성이 자리하고 있다. 따라서 폭력으로 치달을 수밖에 없는 인간 본성에 대한 검토를 통해 골딩이 소설에서 전제하고 있는 인간에 대한 견해가 얼마나 타당한지 아닌지를 검토할 수 있을 것이다.

그런데 독자들은 골딩이 순진하고 천진난만한 아이들 속에서 폭력적 본성을 끄집어낼 때 적지 않게 당황한다. 골딩은 그러한 낯선 장면을 보여주면서 우리를 당혹시킨다. 그것은 우리가 잊고 있거나 아니면 잃어버리려고 아무리 노력해도 사라지지 않는 우리의 내면에 있는 본질이기 때문이다.

그렇다고 아이들이 처음부터 폭력적 관계를 맺는 것은 아니다. 때로는 이성적이기도 하고, 때로는 권위에 의지하고, 때로는 논리에, 때로는 재미에 빠져 섬 생활을 하기도 한다. 무인도에 고립된 아이들은 처음에는 어른들 세계를 모방해 나름의 방식으로 선거도 하고 대장도 뽑고 역할을 분배하며 자신들만의 관계를 만들어간다. 그런 점에서 소설에 등장하는 폭력 또한 아이들이 서로 맺고 있는 다양한 관계의 한 양상으로 볼 수 있다.

따라서 이 소설에서 인간의 폭력성을 그린다고 할지라도 폭력이 맺고 있는 관계의 양상을 포착해야지만 그 의도를 정확히 알 수 있다. 폭력이란 것은 언제나 다른 것과의 관계를 전제로 하기 때문이다. 사람이건 자연이건 심지어는 자기 자신에게 가하는 폭력도 내가 타자화시킨 대상과의 관계가 전제되어 있는 것이다.

그럼에도 폭력은 여타 관계들과는 다른 특징을 가지고 있다. 폭력은 물리적인 강제력으로 배타성을 지닌다. 폭력은 상호성이 아니라 양자 사이의 일방적인 관계에 기반을 두고 있기 때문에 강제적이고 배타적이다. 예를 들어, 인간과 자연의 관계를 살펴보자. 인간은 살기 위해 자연에 폭력을 가한다. 때로는 자연이 인간에게 폭력을 가하기도 하지만 자연과 인간 사이의 관계에서 자연의 폭력으로부터 탈출하는 순간, 인간은 자연을 폭력적으로 이용한다. 그런 점에서 인간의 탄생은 자연에 대한 폭력과 함께 출발하는 것인지도 모른다. 물론 생태적 · 전일적(全一的) 관점에서 인간과 자연은 공존할 수밖에 없다. 그러나 인간과 자연의 관계에서 폭력성을 원천적으로 제거하는 것은 지금과 같은 산업사회에서는 사실상 불가능하다.

그렇게 본다면 흔히들 반사회적이고 비이성적이라고 생각하는 폭력이 인간이 살아가기 위해서는 없어서는 안 될 관계의 필수적 양상이라고 볼 수도 있다. 따지고 보면 모든 폭력이 범죄적이고 반사회적인 것은 아니다. 국가권력은 힘을 폭력적으로 행사한다. 이 말은 배타적으로 행사한다는 것이다. 폭력을 물리적 강제력이라고 정의한다면 국가권력은 이 물리적 강제력을 독점적으로 행사하는 폭력인 것이다. 그런 까닭에 폭력은 권력과 아주 밀접한 관계에 있다. 그러나 권력은 정당성과 합법성의 이름으로 행사되는 폭력이라는 점에서 여타 폭력과 다르다.

소설에 나타나는 폭력 역시 단순한 개인적 차원의 대립이
아니다. 랠프와 잭의 대립은 단순한 폭력과 비폭력의 대립이
아니다. 그들의 대립은 사회적 · 정치적 관계의 한 양상으로
보아야 한다. 즉 랠프와 잭은 그들에게 닥친 생존의 문제로 싸
우며, 그것을 해결하기 위해 싸운다. 랠프와 잭의 대립은 고립
된 섬에서 어떠한 삶의 방식을 선택할 것인지에 대한 대립이
다. 따라서 정치적 대립이며 권력의 대립이다. 또한 그들의 대
립은 단순한 인간성의 대립도 아니다. 설령 인간성의 대립으
로 보이더라도 그것은 사회적 관계에 바탕한 문제 해결을 위
한 대립이기 때문이다.

정치적 전략

그런 점에서 소설 초반에 랠프가 권력을 잡는 과정과 그
권력의 성격을 구체적으로 따져볼 필요가 있다. 그래야만 랠
프와 잭의 대립이 단순히 개인적 대립이 아니라, 정치적 대립
이며 권력관계의 대립이란 것을 파악할 수 있기 때문이다.

"우리 선거를 하자."
"옳소!"
"대장을 선출하기 위한 선거!"
"선거를 하자 —"
이 선거 장난은 소라만큼이나 모두의 마음에 들었다. 잭은 항의

를 했으나 좌중의 고함소리는 대장을 골라내자는 일치된 의견에서 박수갈채로 랠프를 선출하자는 쪽으로 변했다. 그 이유는 아무도 설명할 수 없었을 것이다. 지성이라고 할 만한 것을 보여준 것은 피기였고, 누가 보아도 지도자다운 소년은 잭이었다. 그러나 랠프에게는 그를 두드러지게 하는 조용함이 있었다. 몸집이 크고 매력 있는 풍채였다. 뿐만 아니라 가장 효과적인 것은 소라였다. 그것을 불고 그 정교한 물건을 무릎 위에 올려놓고 화강암 언덕에서 그들을 기다리고 있던 존재─그런 존재는 별난 존재였던 것이다.

아이들이 처음 무인도에 도착해서 소라 소리를 듣고 모일 때, 그들이 선택한 랠프는 소라를 가지고 있다는 이유로 대장이 된다. 랠프는 특정한 물건을 가짐으로써 권력을 획득한다. 랠프는 이 힘과 권력을 바탕으로 무인도에서의 아이들 생활을 통제하고 규율하기 시작한다. 사실 권력은 특정한 상징물을 요구한다. 권력은 힘 그 자체가 아니다. 단순히 물리적 힘이 세다고 해서 권력을 잡을 수 있는 것은 아니기 때문이다. 따라서 권력은 사회적 관계에서 발생하는 것이지 물리적 힘의 관계에서 발생하는 것이 아니다. 아이들에게 소라를 소유한 랠프는 그가 가진 물리적 힘이 아니라 다른 아이들과 차별성으로 인해 지도자가 되는 것이다.

"자, 다들 들어. 이것저것 생각해내자면 시간이 좀 있어야겠어.

무얼 해야 할지 당장 정할 수는 없어. 먼저 여기가 섬인가 아닌가를 알아내야겠어. 각자 여기 남아서 기다려야 해. 다른 데로 가서는 안 돼. 셋이서—많이 가면 혼란이 생겨 서로 잃어버릴지도 모르니까—탐험을 해서 알아낼 거야.”

“구조를 기다리는 동안 우리는 이 섬에서 재미있게 지낼 수 있어.”

그는 크게 몸짓을 했다.

“마치 동화 속에 나오는 얘기 같아.”

이내 소란해졌다.

“보물섬 같아.”

랠프는 소라를 휘둘렀다.

“이 섬은 우리 거야. 좋은 섬이야. 어른들이 우리를 데리러 올 때까지 재미나게 놀자.”

랠프는 안경알을 전후좌우로 움직이곤 했는데, 마침내 기우는 저녁 해의 번쩍이는 흰 그림자가 한 조각의 썩은 나무 위에 정착했다. 이내 엷은 연기가 피어올라와 그 때문에 랠프는 기침을 했다. 잭도 무릎을 꿇고 조용히 불었다. 연기는 점점 짙게 흩어지더니 조그만 불꽃이 나타났다. 환한 햇살 속에서 거의 보일 듯 말 듯하던 불꽃이 조그마한 나뭇가지를 휩싸더니 빛깔이 또렷해지고 큰 나뭇가지로 옮아갔다. 나뭇가지는 날카로운 소리를 내며 튀었다. 불꽃은 높다

랗게 피어오르고 소년들은 기쁨의 환호성을 질렀다.

"우리는 봉화를 지킬 특별 당번을 두어야 해. 언제 배가 올지 모르니까 말이야."

이렇게 말하면서 랠프는 수평선을 향해 한 팔을 저었다.

"그리고 우리가 봉화를 올리면 어른들이 와서 우리를 구해 줄 거야. 그리고 또 한 가지. 우리는 규칙을 더 만들어야 해. 소라가 있는 곳에선 모임이 열리고 있다고 생각해야 돼. 저 아래 바닷가에서나 여기 산꼭대기에서나 마찬가지야."

소년들은 찬성했다. 피기는 얘기를 하려고 입을 벌렸다가 잭과 눈길이 마주치자 입을 다물었다. 잭은 소라를 잡으려고 두 손을 내밀고서는 검정 묻은 두 손으로 그 소중한 물건을 고이 받쳐 들고 일어섰다.

"나는 랠프의 의견에 찬성이야. 우리는 규칙을 만들고 또 거기에 복종해야 해. 즉 우리는 야만인이 아닌 거야. 우리는 영국 국민이야. 영국 국민은 무슨 일이라도 척척 잘 해. 그러니 우리는 온당한 일을 해야 해." 그는 랠프 쪽으로 향했다.

랠프는 상황을 파악하기 위해 섬을 탐험하기 시작한다. 그리고 어른들이 구조해 주길 기다린다. 또한 랠프는 피기의 안경을 이용해 봉홧불을 피우고, 당번을 두어 지키게 한다. 그는 규칙을 만들어 다른 아이들이 따르게 함으로써 권력을 행

사한다. 랠프는 아이들이 처한 조난 상황을 극복하기 위해 대
장으로서의 역할을 이행한다. 오두막을 짓고 열매를 따게 하며,
적절히 역할을 분배함으로써 아이들을 혼란 상태에 빠지지 않
도록 한다. 그 중에서 랠프가 가장 중요시하는 일은 봉화를 지
키는 것이다. 그것이 구조 혹은 구원(save)의 유일한 길이기
때문이다.

새벽이 서서히 황혼으로 옮아가는 것이 소년들이 익숙하게 된
최초의 리듬이었다. 노는 것이 재미있고, 삶이 더없이 만족스러워 희
망을 품을 필요도 없으며, 따라서 희망 자체도 잊혀지고 마는 때처
럼 그들은 아침의 즐거움, 찬란한 태양, 바다, 감미로운 대기 등을 즐
겁게 받아들였다. 한낮이 가까워서 광선의 홍수가 거의 수직으로 쏟
아짐에 따라 오전중의 선명한 색채는 바래져 진주빛과 젖빛이 되었
다. 그리고 더위는 바로 머리 위에 걸려 있는 태양이 활기를 주기나
한 것처럼 따가워져서 소년들은 그늘로 달려가 누워 있거나 낮잠을
자거나 했다.

랠프의 통솔로 아이들은 점점 무인도 생활에 익숙해져 천
연덕스럽게 놀기도 하고 장난을 치기도 한다. 그럼에도 불구
하고 아이들은 여전히 자신이 살았던 곳을 갈망한다. 그것은
어른의 세계이고 완벽한 세계다. 지금 현실이 만족스럽더라도
아이들은 여전히 조난되기 이전의 삶을 그리워한다.

“자, 말을 해봐. 이름이 뭐지?”

“퍼시벌 웨마이스 매디슨, 햄프셔 주 하코트 세인트 앤서니 목사관. 전화번호, 전화번호는…”

이러한 주소 성명이 슬픔의 샘물 깊이 뿌리 박혀 있고, 그걸 밝힘으로써 그 슬픔을 건드린 듯 꼬마는 울음보를 터뜨렸다. 얼굴이 주름투성이가 되면서 눈물이 솟아났다. 처음에는 그저 잠잠한 비애의 조각상 같았지만 일단 비타의 소리를 지르자 소라 소리처럼 크고 연속적이었다.

“닥쳐! 닥쳐!”

퍼시벌 웨마이스 매디슨은 그치지 않았다. 권위의 힘으로도, 육체적인 협박으로도 어쩌지 못할 슬픔의 울음보가 터진 것이었다. 숨 쉴 사이도 없이 울음은 계속되었다. 울음보에 못 박혀 그 때문에 몸을 지탱하고 있는 것 같았다.

“닥쳐! 닥쳐!”

이젠 꼬맹이들도 가만히 있지 않았다. 자기들의 슬픔을 각자 깨닫게 된 것 같았다. 그들은 슬픔에 공명하여 울기 시작했다. 그 중에도 두 꼬마는 거의 퍼시벌과 똑같이 큰 소리로 울었다.

이름을 묻는 말에 습관적으로 주소와 전화번호를 대는 아이들은 지금 자신들이 처한 현실을 떠올리게 된다. 랠프는 구조되기 위해 노력하지만 아이들은 점점 지쳐간다. 탐험을 통해 섬을 완벽히 알 것이라고 생각했지만 이름 없는 짐승의 보이지 않는 공포로 아이들은 혼란에 빠진다.

"모든 게 엉망이 되어가고 있어. 난 까닭을 모르겠어. 처음엔 잘
돼 갔었고 우린 행복했어. 그러더니…"

그는 소라를 조용히 흔들며 소년들의 어깨 너머를 바라보았다.
그리고 짐승과 뱀과 산불과 공포에 떨면서 한 얘기 등을 생각해냈다.

"그러더니 모두들 겁에 질리기 시작했어."

중얼거리는 소리와 거의 신음소리 같은 것이 들렸다가 사라졌다.
잭은 나무깎기를 벌써 그치고 있었다. 랠프가 다시 입을 열었다.

"그러나 그건 꼬맹이들의 얘기야. 그걸 분명히 해두어야겠어.
따라서 우리 모두가 토의해야 할 이 마지막 것은 이를테면 이 공포
의 정체를 결정하자는 거야."

머리카락이 다시 눈께로 내려오고 있었다.

"우리는 이 공포에 관해 토의를 해서 그것이 근거 없다는 것을
확실히 해두어야겠어. 때때로 나 자신도 겁에 질리는 경우가 있어.
그러나 그것은 당치도 않은 일이야. 허깨비 같은 거야. 따라서 이 점
을 분명히 해두면 새 출발을 해서 봉화 같은 딴 일에 좀더 주의할 수
가 있게 될 거야."

"그러면 다시 행복해질 수 있을 거야."

이 상황에서 랠프가 취하는 선택은 공포의 성격을 결정하
는 것이다. 그는 그것을 허깨비로 정의해 버린다. 그리고 결국

아이들의 공포의 문제는 해결하지 못하고 봉홧불에 좀더 신경을 쓰면 다시 행복해 질 수 있다고 말한다. 그런 점에서 랠프의 권력은 그가 발 딛고 있는 현실에서 나온다기보다는 현실 밖에 있다. 랠프는 봉화를 피움으로써 구조를 바라고 구조를 바라는 것에 온 힘을 쏟음으로써 아이들에게 희망을 주지만, 정작 현실의 두려움과 공포를 해결하지는 못한다. 바로 이 지점에서 랠프는 잭과 대립된다.

　　잭은 얼굴을 붉혔다.

　　"우리에겐 고기가 필요해."

　　"하지만 아직껏 손에 넣어보질 못했잖아. 그건 그렇고, 오두막이 필요해. 뿐만 아니라 너만 빼놓고 다른 사냥부대는 몇 시간 전에 돌아왔어. 사뭇 헤엄을 쳤어."

　　"나는 계속했어" 하고 잭은 말했다. "나머지는 내가 돌려보낸 거야. 그러나 나는 사냥을 계속해야 한다고 생각했어. 나는…"

　　그는 짐승을 쫓아가서 죽이지 않고는 못 견딜 것 같은 자기 심정을 전달하려고 했다.

　　"나는 계속했어. 나는 생각했어. 혼자서…"

　　그의 눈에 다시 광기가 나타났다.

　　"나는 생각했어. 죽일 수가 있다고…"

　　"그러나 못 죽였잖아?"

　　"죽일 수 있다고 생각했어."

어떤 숨겨진 격정이 랠프의 목소리 속에서 떨고 있었다.

"그러나 아직 못 죽였잖아."

목소리 속에 숨겨진 어떤 감정만 없었더라면 협력을 구하는 그의 말은 그저 예사롭게 들렸을지도 몰랐다.

"오두막 짓는 걸 도울 생각은 없니?"

"우리에겐 고기가 필요해."

"그러나 그건 손에 넣을 수가 없잖아."

이제 주고받는 말 속엔 적대 관계가 역력히 나타났다.

대장인 랠프는 오두막 짓기를 원하고 잭은 사냥을 원한다. 잭은 열매와 오두막이 아니라 고기가 필요하다고 생각한다. 그들의 대립은 사냥대원들이 멧돼지를 잡기 위해 봉홧불을 꺼뜨렸을 때 극에 이른다.

봉홧불은 꺼져 있었다. 그들은 곧 그것을 간파했다. 배의 연기가 손짓하고 있었을 때 모래사장에서 이미 알고 있던 그대로 불은 꺼져 있었다. 불은 아주 꺼져서 연기도 나지 않고 불기도 없었다. 당번들도 없었다. 아직 태우지 않은 나무더미가 그대로 놓여 있었다.

"멧돼지를 죽여라. 목을 따라. 그 피를 흘려라."

그러나 그 말소리가 뚜렷하게 들렸을 무렵 행렬은 가파른 지대에 당도했기 때문에 그 소리가 잠시 동안 멎었다. 피기가 훌쩍였다. 사이먼은 마치 예배를 보다가 큰소리를 지르거나 한 것처럼 피기를 말렸다.

찰흙을 잔뜩 얼굴에 바른 잭이 제일 먼저 꼭대기에 이르렀다. 그는 창을 쳐들고 신나게 랠프에게 소리를 질렀다.

"보란 말이야. 멧돼지를 잡았어! 몰래 다가가서 삥 둘러싸고…"
사냥부대의 소년들이 일제히 소리쳤다.

"너희들은 불을 꺼뜨렸어."

전혀 상관없는 얘기를 한다는 생각이 들어 잭은 약간 뚱해지면서 멈칫했으나, 너무 기뻐서 그만한 일에 신경을 쓰지는 않았다.

"불은 다시 피울 수가 있어. 랠프, 너도 우리와 함께 있었더라면 좋았을 걸. 참 신났어. 쌍둥이 형제는 채여 넘어졌고…"

"너도 그 피를 보았더라면 오죽 좋았을까!"

사냥부대 소년들은 조용히들 하고 있었으나 피 얘기가 나자 다시 웅성거렸다. 랠프는 머리를 쓸어 넘기고, 한 팔로는 아무것도 없는 수평선을 가리켰다. 그의 목소리는 크고 사나워서 모두들 잠잠해지고 말았다.

"저기 배가 보였었어."

이 말 속에 너무나 많은 무서운 뜻이 담겨 있음을 알고 잭은 뒷걸음질 쳤다. 그는 한 손을 멧돼지 위에 올려놓고 창칼을 뽑았다. 랠프는 주먹을 쥔 채 팔을 내렸다. 그의 목소리는 떨리고 있었다.

"배가 보였었어, 저기. 넌 봉화를 줄곧 올리겠다고 해놓고서는 꺼뜨리고 말았어!"

그는 잭에게로 한 발짝 다가섰다. 잭도 고개를 돌려 랠프를 바라보았다.

"봉화만 있었던들 배에 있는 사람들은 우리를 보았을지도 몰라. 우리들은 집에 돌아갈 수 있었을지도 몰라."

피기는 이것이 너무나 비통했다. 기회를 놓쳤다는 비통함 때문에 겁도 없어졌다. 그는 목청을 높여 소리쳤다.

"그까짓 피 얘기가 다 뭐야. 잭 메리듀! 그까짓 사냥이 다 뭐야! 우리는 집에 갈 수 있었단 말이야."

봉홧불이 꺼져 있고 배가 지나가는 순간 잭의 사냥부대는 멧돼지 사냥에 성공한다. 랠프와 잭의 대립이 가장 극적으로 드러나는 순간이다. 그것은 랠프의 선택이 실패할 것을 의미하면서 동시에 잭의 성공을 의미한다. 물론 랠프는 구조되지 못한 이유를 잭과 사냥부대에 돌림으로써 권위를 유지할 수 있다. 그러나 그 순간이 지나고 나면 여전히 섬에서의 일상이 기다리고 있다. 아이들에게 일상의 양식을 제공하는 사람은 랠프가 아니라 잭이다.

피기가 역시 군침을 흘리면서 말했다.

"난 먹으면 안 돼?"

잭은 여봐란 듯이 권력을 과시하기 위해 피기를 의아스러운 상태 속에 놓아둘 작정이었다. 그러나 자기만 빠졌다는 것을 피기가 강조했기 때문에 잭으로서는 다시 잔인하게 굴지 않을 수가 없었다.

"너는 사냥을 안 했어."

"사냥이라면 랠프도 안 했고, 사이먼도 거들지 않았어" 하고 피기가 억울하다는 듯이 말하더니 덧붙였다.

"게 같은 건 먹으나 마나야."

랠프가 불안스레 돌아보았다. 쌍둥이 형제와 피기 사이에 자리 잡고 있던 사이먼은 입을 닦고는 손에 들고 있던 고깃점을 바위 너머로 피기에게 건넸다. 피기는 그것을 잡았다. 쌍둥이 형제는 낄낄거리고, 사이먼은 부끄러운 듯 고개를 숙였다.

그러자 잭이 벌떡 일어나 큰 고깃점을 베어서 사이먼의 발께로 내던졌다.

"처먹어! 자식!"

그는 사이먼을 노려보았다.

"집어 먹어!"

동그랗게 둘러앉은 소년들이 당황해서 어쩔 줄 모르고 있는 한가운데서 그는 발꿈치로 몸을 빙빙 돌렸다.

"내가 너희들에게 고기를 먹게 해준 거야!"

잭은 아이들에게 고기를 먹게 해줌으로써 힘을 과시한다. 언제 구조될지 모르는 아이들에게 구조에 온 힘을 쏟는 랠프의 선택은 점점 힘을 잃어갈 수밖에 없다.

"난 그 애가 겁이 나" 하고 피기가 말했다.

"그렇기 때문에 그 애를 잘 알고 있어. 누군가가 겁이 나면 그를 미워하게 되지만, 한편 그에 대한 생각을 떨쳐버릴 수가 없게 돼. 넌 그가 괜찮은 아이라고 자신을 속여가며 스스로에게 타이르고 있어. 그러나 그를 다시 보게 되는 때에는… 그때는 천식처럼 숨도 못 쉴 거야. 바로 말해 두지만, 그는 너도 미워하고 있어, 랠프."

"나를? 왜?"

"나도 몰라. 봉화 일로 그를 몰아세웠고, 또 그는 대장이 못 됐는데 너는 대장이잖아?"

"그래도 그는 어엿한 잭 메리듀 아냐?"

"나는 병으로 누워 있기를 잘해서 여러 가지 궁리를 많이 했어. 나는 인간에 관해서 아는 바가 있어. 그는 너를 직접 해치진 못해. 그러나 네가 물러서면 너와 가장 가까운 사람을 해칠 거야."

"랠프, 피기 말이 맞아. 너와 잭은 경쟁 관계야. 대장노릇을 계속해."

"우리는 모두 방향 없이 떠돌고 있고 모든 것은 형편없이 돌아가고 있어. 고향에서는 언제나 어른들이 있었어. 어떻게 할까요, 선생님? 어떻게 할까요, 아저씨? 그러면 대답을 얻었어. 이럴 때…"

"이모가 여기 있다면 얼마나 좋을까."

…

"어른들은 사리에 밝아."

피기의 말이었다.

"어른들은 어둠을 무서워하지 않아. 모여서 차를 마시고 토론을 하지. 그러면 만사가 제대로 돌아가게 돼."

"어른들 같으면 섬을 불바다로 만들지 않지. 혹은…"

"어른들 같으면 배를 만들 거야."

세 소년은 캄캄한 속에 서서 어른들의 세계가 얼마나 당당한가 하는 것을 알리려고 애를 썼으나 뜻대로 되지 않았다.

"어른들 같으면 싸움을 않을 거야."

"내 안경을 깨뜨리지도 않을 테고…"

"짐승 얘기 같은 것도 않을 테고…"

"어른들이 우리들에게 소식을 보낼 수 있게만 되면" 하고 랠프는 절망적으로 소리쳤다.

"어른들이면 이렇게 하겠다는 걸 무언가 알려주기만 한다면… 무슨 신호라도 보내준다면 오죽 좋겠어?

랠프 일행은 잭을 두려워한다. 그들은 자신들의 미숙함을 어른들과 비교하며 현실을 극복하고 해결하기 위해 어른과 같은 삶의 방식을 추구한다. 어른들은 토론을 하고 배를 만들고 싸움을 하지 않을 거라고 생각한다. 그들은 현실의 삶을 모색하기보다는 그들이 살아왔고 보아왔던 어른들의 모습을 떠올린다. '지금-여기'의 무인도가 아니라 '과거의 영국'에서의 삶의 방식으로 무인도에서 살고자 하는 것이다.

"법을 지키고 구조되는 것과 사냥을 하고 모든 것을 파괴하는 것 중 어느 쪽이 더 좋으냔 말이야?”

이제는 잭도 고함을 지르고 있었다. 랠프가 아무리 외쳐 보아도 그의 얘기는 들리지 않았다. 잭은 패거리를 등지고 서 있었다.

랠프의 입장에서 잭은 구조되려고 노력하지도 않고 법을 지키지도 않으며 사냥을 위해 자신이 만들어놓은 모든 질서를 파괴한다. 그들은 자신의 지지자를 가지고 있다. 따라서 법과 무질서, 구조와 사냥의 대립은 정치적 파벌의 대립이다. 이러한 정치적 대립은 다양한 방식으로 변주되어 소설에서 나타난다. 문명과 야만의 모습으로 나타나기도 하고, 어른과 아이, 폭력과 비폭력, 무인도와 영국, 선함과 악함의 대립으로 나타난다.

이 소설의 당혹스러움은 이러한 정치적 대립에서 아이들이 무질서의 길, 폭력의 길, 야만의 길을 선택한다는 것에 있다. 혹자는 이러한 선택이 인간 본성의 악함, 즉 근원적인 폭력성을 보여주는 것이라고 말한다. 하지만 단순히 그것뿐이라면 고전이 될 까닭이 없다. 왜냐하면 잭과 사냥부대가 보여주는 폭력의 모습은 그들이 닥친 현실에서 상당한 설득력이 있기 때문이다.

녹초가 된 암퇘지는 쓰러졌다. 소년들은 마구 덤벼들었다. 이미지의 세계로부터의 무시무시한 습격에 암퇘지는 미친 듯이 날뛰었다. 비명을 지르고 뛰어오르고 했다. 온통 땀과 소음과 피와 공포의 난장판이었다. 로저는 쓰러진 멧돼지 주위를 달리면서 멧돼지 살이 드러나 보이기만 하면 닥치는 대로 창으로 찔러댔다. 로저는 마땅한 곳을 찾아 제 몸무게를 가누지 못해 자빠질 정도로 창을 밀어 넣기 시작했다. 창은 조금씩 속으로 밀려들어가고 겁에 질린 멧돼지의 비명은 귀가 따가운 절규로 변했다. 이어 잭은 목을 땄다. 뜨거운 피가 두 손에 함빡 튀어 올랐다. 밑에 깔린 멧돼지는 축 늘어지고 소년들은 나른해지며 이제 원을 풀었다. 나비들은 여전히 공지 한복판에서 정신없이 춤을 추고 있었다.

마침내 살육의 충격은 가라앉았다. 소년들은 물러섰다. 잭이 일어서서 두 손을 내밀었다.

"봐."

피투성이가 된 손바닥을 보고 소년들이 웃고 있는 동안 그는 킬킬거리며 손바닥을 흔들었다. 이어 잭은 모리스를 붙잡고 얼굴에 피를 발라주었다. 로저가 찔러 박았던 창을 뽑기 시작했다. 소년들은 그제서야 비로소 그가 창을 찔러 박은 것을 알았다. 로버트가 멧돼지를 바로 놓으라는 말을 해서 모두들 떠들썩해졌다.

모리스와 로버트가 멧돼지에 막대기를 꽂아서 묵직한 것을 들어 올리고 대기 자세로 서 있었다. 고요한 속에 다 마른 피를 밟고 서 있는 그들은 갑작스레 겸연쩍어하는 것 같이 보였다.

잭이 큰 소리로 말했다.

"이 머리는 그 괴물에게 주는 거야. 우리의 선물이야."

정적이 이 선물을 받아들였다. 소년들은 두려워졌다. 몽롱한 눈에 보일 듯 말 듯한 웃음을 띠고 이빨 사이로 피가 시꺼멓게 엉겨붙은 그 머리는 거기에 그냥 걸려 있었다. 갑자기 소년들은 도망치기 시작했다. 숲을 지나서 탁 트인 모래사장으로 있는 힘을 다해서 뛰어갔다.

잭과 사냥부대는 암퇘지 사냥에 성공한다. 얼굴에 피를 바르고 그들이 두려워하는 보이지 않는 괴물에 사냥감의 머리를 제물로 받친다. 잭은 이러한 행위를 통해 자신의 권력을 유지한다. 그런데 잭의 행위가 아이들에게 지지를 받는 것은 그의 행위가 섬에서 살아가는 데 필수적이기 때문이다. 잭은 멧돼지를 사냥함으로써 고기를 확보하고 보이지 않는 괴물에게 제물을 받침으로써 아이들의 공포를 제거한다. 그런 점에서 잭의 선택은 무인도에서 살아가기 위한 현실적인 방편이다. 잭은 언제 구조될지 모르는 상황에서 무작정 기다리지 않고, 어른의 세계를 그리워하지도 않는다. 잭이 아이들에게 지지를 얻는 이유는 잭의 폭력성 때문이 아니라 그가 선택한 삶의 방식이 그들이 처한 현실에 새로운 돌파구를 마련해 주기 때문이다. 이러한 과정을 거치면서 잭은 사냥부대의 대장으로서 권력을 유지한다.

따라서 소설에 등장하는 랠프와 잭의 대립은 단순히 인

간 본성의 대립이 아니라 정치적 대립이다. 이 둘의 대립은 현실을 어떻게 이해하고 극복해야 하는가의 문제에서 서로 충돌한다. 그런 점에서 인간 본성을 논하는 것은 그 자체로 커다란 의미가 없다. 동양 사회에서 맹자와 순자는 인간의 본성에 대해 논의하면서 맹자는 성선설(性善說)을, 순자는 성악설(性惡說)을 주장한 것으로 단편적으로 이해하는 경우가 많다. 그러나 이 경우에도 인간의 본성을 묻는 것은 인간이 처한 현실을 어떻게 이해하고 극복할 것인가의 현실의 정치적 문제와 아주 밀접한 관련을 맺고 있다.

중요한 것은 성선설과 성악설을 주장하는 근본 이유를 파악하는 것이다. 성선설은 인간의 본성이 선하다고 주장한다. 혼란한 사회에서 인간 본성이 선하다면 그 선함을 잘 계발하고 발전시키면 사회의 혼란이 없어질 수 있다고 생각한다. 그래서 성선설을 주장하는 사람들은 인간의 선함을 발전시키기 위해 교육과 개인의 수양을 강조한다. 더 나아가 선함으로써 백성을 다스릴 것을 강조한다. 이것은 필연적으로 인치(人治)로 갈 가능성이 크고, 봉건시대로 말하자면 분권적 귀족정치를 이상적 통치질서로 간주할 가능성이 크다.

반대로 성악설은 인간의 본성을 악하게 본다. 따라서 사회나 국가를 인간이 이끄는 것보다 인간 밖에서 인간의 악함을 통제하고 관리할 것을 찾는다. 순자는 예(禮), 한비자는 법, 묵자는 하늘의 통제를 받아야 할 것으로 본다. 이러한 방향은

궁극적으로 법과 제도에 의한 통치로 나아가며, 봉건시대의
경우 군주에 의한 중앙집권적 관료국가를 이상적 통치질서로
옹호할 가능성이 크다.

폭력과 성스러움

랠프는 들릴락 말락 신음소리를 냈다. 몹시 고단했지만 야만인
이 무서워서 마음 놓고 잠 속으로 빠져들 수가 없었다. 뱃심 좋게 요
새로 걸어 들어가서 이제 싸움은 그만두자 어쩌고 하며 소탈하게 웃
고 거기 끼어서 잠을 잘 수는 없을까?

그들은 아직도 소년들이며 얼마 전까지만 하더라도 "선생님, 네,
선생님" 했고, 모자를 썼던 학생이라고 생각하면 안 될까? 지금이 한
낮이라면 그렇다고 할 수 있을지도 모른다. 그러나 어둠과 죽음의 공
포는 '안 된다'고 말했다. 그는 어둠 속에 누워서 자기가 추방된 몸
임을 뼈저리게 느꼈다.

잭이 권력을 잡게 되자 랠프는 잭과 사냥부대에게 쫓기는
신세가 되었다. 그는 도망을 다니며 피기와 사이먼처럼 죽을
위기에 처해 있다. 잭은 완전히 권력을 장악했고, 자신의 권력
을 드러내기 위해 랠프 일행에 대한 학살을 감행한다. 그런 점
에서 잭이 사용하는 폭력은 단순히 개인적 차원의 폭력이 아
니라 집단적·제도적 폭력에 가깝다. 그리고 잭에 동의하는
아이들은 그러한 행위에 아무런 죄의식을 느끼지 못한다. 그

러한 폭력이 오히려 자신들의 승리를 정당화하고 신성시해 주기 때문이다.

권력은 그런 점에서 자신들이 행하는 폭력을 성스러움과 연결시킨다. 중세의 마녀사냥, 십자군 전쟁, 히틀러의 유태인 학살, 박정희의 폭정, 전두환의 광주, 언론은 얼마나 그들을 신성시했는가! 권력은 자신의 폭력을 신성함으로 가린다. 그것은 희생제의(犧牲祭儀)와 똑같다. 우리가 야만이라고 부르는 원시인들의 희생제의를 현대 권력은 자신의 폭력성을 신성함으로 탈바꿈시킨다. 그런 점에서 사형제도도 현대판 희생제의다. 국가는 사형을 통해 신성함을 과시한다. 죽일 수 있는 힘을 보여줌으로써 권력을 더욱 공고히 하는 것이다.

국가는 군대, 감옥, 경찰 등을 통해 실질적·물리적 힘을 독점하면서 폭력에 신성함을 부여하고, 그 이외의 폭력에는 악함과 비도덕을 부여한다. 그래서 국가가 사람을 죽일 때는 사형이라는 이름의 선함을 행하지만, 개인이 사람을 죽일 때는 살인이라는 부도덕과 악행이란 이름을 붙인다. 이것은 권력의 전략이다. 살아 있는 모든 사람으로부터 복수의 권리를 빼앗고 정당한 복수의 권리를 국가가 독점하는 것은 근대 사회에서 생긴 독특한 사고방식이다. 더군다나 현대인은 기꺼이 자신의 힘을 국가에 위임하려 든다.

라이히는 나치 정권 당시 대중들의 심리를 분석하며 이렇게 말한다. "대중은 속고 있지 않았다. 대중들은 파시즘을 욕망하고 있었다. 설명해야 할 것은 바로 파시즘을 욕망한 대중들의 욕망이다." 독일인들은 속은 것이 아니다. 히틀러가 지배하기를 원했고, 그에게 지배받기를 원했다. 전쟁을 치르면서 더욱더 가난하게 더욱더 힘들게 살수밖에 없는데도 그들은 히틀러를 원했다. 그들은 자유가 아니라 예속을 위해 열심히 싸웠던 것이다. 대중은 죄의식을 느끼지 않았다. 그들은 스스로 그러하기를 원했다.

아렌트는 나치 전범인 아돌프 아이히만을 취재하면서 악에 무감각한 대중의 모습을 발견한다. 그녀가 발견한 것은 바로 '악의 평범성'이다. 유태인 말살이라는 반인류적 범죄를 저지른 것은 아이히만의 악마적 성격 때문이 아니라 아무런 생각 없이 직무를 수행하는 '사고력의 결여' 때문이라는 것이다. 그의 직급은 나치 친위대의 중간관리자에 지나지 않았다. 법을 준수하는 '건실한 시민'이었던 아이히만은 명령의 이행을 의무라고 느꼈고, 유태인 전문가로서 그들을 수용소에 배분하는 일을 착실히 수행했다. 그는 자신이 범죄를 저지른다고는 생각하지 못했으며, 그의 양심은 상부의 명령을 정확히 행동에 옮기라고 요구했다. 그는 피고석에서 '명령받은 일을 하지 않았다면 양심의 가책을 느꼈을 것'이라고 말했다.

숲속에서 무엇인가가 기어 나왔다. 그것은 시꺼멓고 분명치 않았다. 그 괴물이 앞에서 지른 날카로운 비명은 고통의 절규였다. 그 괴물은 말굽 모양으로 둘러선 소년들 속으로 비틀거리며 들어갔다.

"괴물을 죽여라! 목을 따라! 피를 흘려라! 그놈을 죽여라!"

청백색의 생채기는 끊임없이 찢어지고 천둥소리는 견딜 수 없을 정도였다. 사이먼은 산 위에 있는 사람의 시체에 관해 무어라고 소리를 지르고 있었다.

"괴물을 죽여라! 목을 따라! 피를 흘려라! 그놈을 죽여라!"

막대기가 넘어지고 새로 원을 그린 소년들은 함성을 질렀다. 괴물은 원형의 한가운데서 두 팔로 얼굴을 가리고 무릎을 꿇고 있었다. 괴물은 고함소리에 지지 않으려고 산에 있는 시체에 관해 뭐라고 자꾸만 큰소리로 떠들어댔다. 괴물은 허우적거리며 앞으로 나가 원형을 꿰뚫고 가파른 바위 끝에서 물가의 바위바닥으로 굴러 떨어졌다. 소년의 무리는 곧 물밀듯이 그 뒤를 밟고 바위를 내려가 짐승에게로 뛰어내렸다. 그들은 고함을 지르고 주먹질을 했다. 물어뜯고 살을 찢었다. 아무런 말도 없이 그저 이빨과 손톱으로 물어뜯고 할퀼 뿐이었다.

성좌의 별빛을 받고 은빛으로 빛나는 사이먼의 시체가 서서히 바다로 밀려나갔다.

소설에 등장하는 잭과 사냥부대의 학살 모습은 저기 멀리 동떨어져 우리와 상관없는 모습이 아니다. 아무 생각 없이 왕따 학생을 괴롭힐 때, 월드컵 거리 응원에 열광해서 남의 차에 올라타고 기쁨에 겨워 발을 동동 구르며 차를 부수고 있을 때,

자기와 다른 생각을 가졌다고 무작정 인터넷에 까칠한 댓글을 달 때, 우리는 아렌트가 말한 '사고력의 결여'를 몸소 실천하고 있는 것이다. 이러한 사고력의 결여는 궁극적으로 정치적 능력의 상실을 의미한다. 모든 정치적 능력을 권력자에게 위임하는 순간 우리에게 남은 건 권력과 대중의 사도마조히즘적 관계뿐이다. 대중은 권력이 제공하는 폭력을 기쁨과 위안과 희망으로 삼는 정치적 마조히스트로 돌변할 뿐이다.

선택

잭이 폭력을 통해 자신의 권력을 신성시하듯이 오늘날 자본은 자신의 힘을 전 세계적으로 확장하며 자신의 신성함을 과시하고 있다. 우리는 자본의 성스러운 복음에 도취되어 자본의 부름을 받고 이에 응하는 것을 커다란 축복으로 여긴다. 오늘날 신자유주의적 경제체제에서 자본은 더 이상이 폭력성을 띨 필요가 없다. 자본은 이미 신성화되었기 때문이다. 자본의 폭력성은 이제 성스러운 것이 되었다. 이러한 성스러운 관계에 동참하지 않는 순간 백수가 되거나 욕을 듣거나 노숙자가 된다.

자본은 모든 것을 폭력적으로 삼키지만 더 이상 비난받지 않는다. 사람이 굶어죽어도 인문학이 사라져도 시장논리의 신성함에 모든 것을 순순히 내놓는다. 오늘날 현대인의 '사고력의 결여'는 자본의 신성화와 밀접하게 관련되어 있다. 자연과 인간, 인간과 인간의 관계에서 끊임없이 재규정되는 자본의 논리에 자신의 정치적 힘과 능력이 제거되고 오직 호모이코노미쿠스로서 자신의 존재성을 자각하게 될 때 인간은 자본과의 관계에서 마조히스트가 되는 것이다.

그러나 선택은 쉽지 않다. 현대라는 무인도에 난파된 오늘날 인간에게도 여전히 랠프와 잭의 삶의 길이 주어져 있다. 랠프와 피기처럼 오지 않거나 갈 수 없는 이상적 세계를 기다리면서 현실의 생존과 생활문제에 대해 무능하거나 비현실적일 수도 있고, 잭과 사냥부대처럼 현실의 생존과 생활에 대해 매우 현실적이지만 꿈과 희망, 더 나은 세계에 대한 희망 없이 폭력적일 수 있기 때문이다. 우리는 현대를 살아가는 랠프와 잭이다. 물론 아무 생각 없이 세상이 시키는 대로 사는 것에 만족한다면 별문제 없으리라. 대다수의 아이들처럼 랠프와 잭 사이에서 적당히 갈등하다가 힘이 센 곳에 붙으면 그만이라고 생각하는 사람도 있을지 모른다. 그럼에도 자신의 삶을 살아야 하는 인간이라면 '사고력의 결여'가 아니라 자신의 사고로 랠프와 잭 중 하나의 삶을 선택해야 한다면 어떤 삶을 선택해야 할 것인가?

이 물음에 골딩 또한 명확한 답을 내놓지 않는다. 물론, 랠프처럼 비현실적이어서도, 잭처럼 폭력적이어서도 안 된다. 더 나은 인간과 세상에 대한 믿음과 소망을 가지면서도 현실의 생존과 생활문제를 해결하는 것이 어떻게 가능한지가 우리의 고민이다. 중요한 것은 삶의 선택의 순간에 정말 치열하게 생각하고, 그것을 바탕으로 주어진 현실과 끊임없이 싸워야 한다는 것이다.

"전쟁중엔 종교의 역할이 꽤 크죠. 하지만 신에게 기도하면 그의 도움에 기댈 수 있어요. 우리 안에 믿음이 있기만 하면."

"하지만 반대편은 어떡하죠? 적들도 똑같이 하느님을 믿잖아요?"

"물론이지, 하느님은 모든 이의 편에 서시니까요. 하지만 당신이 정당한 이유로 싸운다면 그의 율법을 어기더라도 용서하실 거예요."

"그럼 누구를 용서하지 않으시죠?"

"믿지 않는 자들과 어느 편도 아닌 미온적인 자들이지요. 하느님이 영원히 방황하는 심판을 내리지요. 너희가 차거나 뜨겁지 않으면 자비를 내리지 않지요."

〈논제〉　다음은 소설 〈파리대왕〉의 일부분으로 무인도에 조난당한 아이들이 랠프와 잭을 중심으로 대립하고 있는 장면이다. 이들이 대립하는 핵심적인 원인을 밝히고, 만약 자신이 아래와 같은 상황에 있다면 어떤 선택을 할 것이며, 그 이유는 무엇인지 서술하시오.

"랠프—배가 어디 있어?"

사이먼은 옆에 서서 랠프와 수평선을 번갈아 바라보았다. 모리스의 바지는 그의 한숨과 함께 흘러내렸지만 그는 넝마를 버리듯 그것을 벗어 팽개쳐버리고 수풀 쪽으로 달려갔다가 다시 돌아왔다.

연기는 수평선 위에 실매듭처럼 놓여 있었고 서서히 고리를 풀고 있었다. 연기 아래로는 굴뚝인 듯한 점이 보였다. 랠프는 혼잣말을 하면서 파리한 얼굴을 하고 있었다.

"배에서 우리가 피우는 연기가 보일 거야."

피기는 이제 바른 방향을 바라보고 있었다.

"연기가 가물가물하군."

그는 고개를 돌려 산꼭대기를 쳐다보았다. 랠프는 게걸이 든 듯이 계속 배를 지켜보고 있었다. 얼굴에 혈색이 돌고 있었다. 사이먼은 잠자코 그의 곁에 서 있었다.

“눈이 나빠서 잘 모르지만 연기는 올리고 있니?” 피기가 말했다.

랠프는 여전히 배를 지켜보며 성마른 듯 몸을 흔들었다.

“산정의 연기가 문제야.”

모리스가 달려와서 바다 쪽을 응시했다. 사이먼과 피기는 모두 산을 올려다보고 있었다. 피기는 얼굴을 찌푸렸으나 사이먼은 몸을 다치기나 한 듯 날카로운 비명을 질렀다.

“랠프! 랠프!”

그 목소리가 자못 처절해서 랠프는 모래 위에서 몸을 휙 돌렸다.

“얘기 좀 해봐. 봉화는 올리고 있니?” 피기가 걱정스럽게 말했다.

랠프는 수평선 위에서 스러져가는 연기 쪽으로 다시 시선을 돌렸다가 산꼭대기를 올려다보았다.

“랠프! 어서 말해 줘. 봉화는 오르고 있니?”

사이먼은 랠프에게 손을 대려고 머뭇머뭇 한 손을 내밀었다. 그러나 랠프는 수영장의 얕은 변두리의 물을 걷어차며 달음박질을 시작하더니 따갑고 흰 모래톱을 가로질러 야자수 밑을 뛰어갔다. …

랠프는 흉터자국의 육지 쪽 가장자리에 이르자 숨을 가쁘게 몰아쉬면서 욕설을 퍼부었다. 발가벗은 몸으로 마구 할퀴

어대는 덩굴 사이를 달려왔기 때문에 온통 피투성이였다. 그는 산이 가파로워지는 지점에서 멈춰 섰다. 모리스는 불과 몇 야드 뒤에서 따라오고 있었다.

"피기의 안경이 필요해! 봉홧불이 꺼졌단 말이야—" 랠프가 고함쳤다.

그는 고함치기를 그치고 선 채로 몸을 흔들었다. 모래사장에서 헐레벌떡 올라오는 피기의 모습이 겨우 눈에 띄었다. 랠프는 수평선에서 산꼭대기로 눈길을 돌렸다. 피기의 안경을 가지러 가는 것이 나을까? 그렇게라도 하지 않으면 배는 가버리고 말지나 않을까? 혹은 봉화가 막 꺼졌는데 무작정 올라가기만 한다면, 천천히 기어 올라오는 피기의 모습과 수평선 너머로 사라져가는 배의 모습만을 닭 쫓던 개 모양으로 바라보게만 되는 게 아닐까? 다급한 결단의 시점에서 우유부단한 자신에게 짜증을 내며 랠프는 소리쳤다.

"아, 하느님! 아, 하느님!"

…

봉홧불은 꺼져 있었다. 그들은 곧 그것을 알아챘다. 고국의 연기가 손짓하고 있었을 때 모래사장에서 이미 알고 있던 그대로 불은 꺼져 있었다. 불은 아주 꺼져서 연기도 나지 않고 불기도 없었다. 당번들도 없었다. 아직 태우지 않은 나무더미가 그대로 놓여 있었다.

랠프는 바다 쪽으로 눈길을 돌렸다. 수평선은 다시 그들을 아랑곳도 하지 않은 채 펼쳐져 있었고 가냘픈 연기 자국을 제외하고는 아무것도 없었다. 랠프는 바위 사이를 누비며 구르듯 달려가 분홍색 벼랑 끝에 간신히 몸을 가누고 배 쪽에다 대고 고함쳤다.

"돌아와요! 돌아와요!"

그는 얼굴을 바다로 돌린 채 벼랑을 따라서 이리저리 달렸다. 그의 목소리는 미친 듯이 날카로워졌다.

"돌아와요! 돌아와!"

"제기랄, 불을 꺼뜨렸어!"

그는 산의 가파른 쪽을 내려다보았다. 숨을 헐떡이고 꼬마처럼 훌쩍이며 피기가 당도했다. 랠프는 주먹을 쥐고 상기해 있었다. 골똘한 응시와 가시 돋친 목소리로 그가 무엇을 보고 있는가 하는 것을 알 수 있었다.

"저기들 가 있단 말이야."

저 아래쪽 물가에 흩어져 있는 분홍색 바위조각 사이로 행렬을 짓고 있는 일단의 모습이 나타났다. 몇몇 소년들은 검은 모자를 쓰고 있었지만 그 점만 빼면 모두들 거의 알몸이었다. 발 조심할 필요가 없는 지대에 닿을 때마다 그들은 일제히 막대기를 공중에 쳐들었다. 그들은 노래를 부르고 있었는데, 그것은 뒤뚱거리는 쌍둥이 형제가 소중하게 메고 있는 짐과 관련이 있는 것 같았다. 멀리 떨어져 있었지만 랠프는 단박에 잭을 알아볼 수가 있었다. 키가 크고 머리카락이 붉고 행렬을 지휘하는 것은 영락없이 잭이었던 것이다.

사이먼은 아까 랠프로부터 수평선으로 눈길을 옮겼듯이 이번엔 랠프를 보다가 잭에게로 눈길을 돌렸지만 어쩐지 두려워하는 것 같은 모습이었다. 랠프는 행렬이 다가오는 동안 잠자코 기다리고 있었다. 노랫소리는 귀에 들려왔지만 워낙 떨어져 있기 때문에 무슨 소리인지는 분간이 가지 않았다. 잭 뒤에는 쌍둥이 형제가 걸어오고 있었는데, 어깨에는 큰 장대를 메고 있었다. 그 장대에는 창자를 도려낸 죽은 멧돼지가 매달려 있어 쌍둥이 형제가 울퉁불퉁한 지면을 터벅터벅 걸어갈 때마다 묵직하게 흔들렸다. 목께에 큰 상처가 난 멧돼지의 대가리는 축 늘어진 채 땅 위에서 무엇인가를 찾고 있는 것 같아 보였다. 이윽고 노래하듯 뇌는 말소리가 주발 속 같은 새까맣게 탄 숲과 잿더미를 가로질러 들려왔다.

"멧돼지를 죽여라. 목을 따라. 그 피를 흘려라."

그러나 그 말소리가 뚜렷하게 늘렸을 무렵 행렬이 가파른 지대에 당도했기 때문에 그 소리가 잠시 동안 멎었다. 피기가 훌쩍였다. 사이먼은 마치 예배를 보다가 큰 소리를 지르거나 한 것처럼 피기를 말렸다.

찰흙을 잔뜩 얼굴에 바른 잭이 제일 먼저 산정에 이르렀다. 그는 창을 쳐들고 신나게 랠프에게 소리를 질렀다.

"보란 말이야. 우리는 멧돼지를 잡았어! 몰래 다가가서 뺑 둘러싸고…"

179

사냥부대의 소년들이 일제히 소리쳤다.

"삥 둘러싸 가지고…"

"우리는 기어갔어…"

"멧돼지는 비명을 지르고…"

쌍둥이 형제가 메고 있는 멧돼지는 새까맣게 엉긴 핏방울을 바위에 떨어뜨리며 흔들리고 있었다. 형제는 입을 크게 벌리고 똑같이 황홀한 웃음을 짓고 있었다. 잭은 랠프에게 들려줄 얘기가 너무나 많았다. 한꺼번에 모두 털어놓을 수가 없어 그는 대신 춤을 추었다. 위신을 생각한 그는 춤추기를 그치고 가만히 서서 씽긋 웃었다. 그는 자기 손에 피가 묻어 있는 것을 깨닫고 역겨운 듯이 상을 찡그렸다. 손 닦을 것을 찾다가 반바지에 손을 문지르고는 또 웃었다.

랠프가 입을 열었다.

"너희들은 불을 꺼뜨렸어."

전혀 상관없는 얘기를 한다는 생각이 들어 잭은 약간 뚱해지면서 멈칫했으나 너무 기뻐서 그만한 일에 신경을 쓰지는 않았다.

"불은 다시 피울 수가 있어. 랠프, 너도 우리와 함께 있었더라면 좋았을걸. 참 신났어. 쌍둥이 형제는 채여 넘어졌고—"

"우리는 멧돼지를 갈겼어."

"난 대가리에 덤벼들어서—"

"내가 멧돼지 목을 땄어" 하고 잭은 자랑스럽게 말했으나 그러면서도 몸을 비꼬았다. "칼자루에 흠을 내게 네 칼 좀 빌려주지 않으련, 랠프?"

소년들은 떠들어대며 춤을 추었다. 쌍둥이 형제는 계속 싱글거리고 있었다.

"피가 굉장했어" 하고 웃으며 진저리를 치고는 잭이 말했다.

"너도 꼭 구경을 했어야 하는 건데!"

"매일 사냥을 나가야겠어…"

랠프가 쉰 목소리로 다시 입을 열었다. 그는 그때까지 그 자리에서 꼼짝 않고 있었다.

"너희들은 불을 꺼뜨렸어."

같은 소리를 두 번이나 듣고 잭은 불안해졌다. 그는 쌍둥이 형제를 보다가 다시 랠프에게 눈길을 돌렸다.

"사냥을 하는 데 그들이 꼭 있어야 했어" 하고 그는 말했다. "그렇지 않으면 삥 둘러쌀 수가 없었어."

그는 실수를 깨닫고 얼굴이 발개졌다.

"불이 꺼진 것이라야 한두 시간밖에 안 됐어. 다시 피우면 되잖아?"

랠프의 알몸이 온통 상처투성이라는 것과 네 소년이 침울하게 입을 다물고 있다는 것을 잭은 깨달았다. 행복한 기분에 젖어 있었기 때문에 마음을 너그럽게 가질 수 있었던 그는 사냥 경험을 모두에게 알리고 싶었다. 그의 마음속엔 갖가지 기억이 가득 남아 있었다. 안간힘을 쓰는 멧돼지를 모두가 둘러쌌을 때 그들이 알게 된 사실, 한 생명체를 속이고, 자기들의 의지를 거기에 관통시키고, 맛있는 술을 오랫동안 빨듯이 그 목숨을 빼앗아버렸다는 사실에 대한 생생한 기억으로 가득 차 있었다.

그는 두 팔을 한껏 벌렸다.

"너도 그 피를 보았더라면 오죽 좋았을까!"

사냥부대 소년들은 아주 조용히들 하고 있었으나 피 애기가 나오자 다시 웅성거렸다. 랠프는 머리를 쓸어 넘기고, 한 팔로는 아무것도 없는 수평선을 가리켰다. 그의 목소리는 크고 사나워서 모두들 잠잠해지고 말았다.

"저기 배가 보였었어."

이 말 속에 너무나 많은 무서운 뜻이 담겨 있음을 알고 잭은 뒷걸음질 쳤다. 그는 한 손을 멧돼지 위에 올려놓고 창칼을 뽑았다. 랠프는 주먹을 쥔 채 팔을 내렸다. 그의 목소리는 떨리고 있었다.

"배가 보였었어. 저기. 넌 봉홧불을 줄곧 올리겠다고 해놓고는 꺼뜨리고 말았어!"

그는 잭에게로 한 발짝 다가섰다. 잭도 고개를 돌려 랠프를 바라보았다.

"봉화만 있었던들 배에 있는 사람들이 우리를 보았을지

도 몰라. 우리들은 집에 돌아갈 수 있었을지도 몰라."

피기에게는 이것이 너무나 비통했다. 기회를 놓쳤다는 비통함 때문에 겁도 없어졌다. 그는 목청을 높여 소리쳤다.

"그까짓 피 얘기가 다 뭐야. 잭 메리듀! 그까짓 사냥이 다 뭐야! 우리는 집에 갈 수 있었단 말이야."

랠프는 피기를 한쪽으로 밀쳤다. …

사냥부대 중 조그만 소년이 울먹이기 시작했다. 무시무시한 진상이 모든 소년의 마음속에 스며들었던 것이다. 멧돼지를 창칼로 찌르고 있던 잭의 얼굴이 상기되었다.

"우리 일도 힘들었어. 모두의 힘이 필요했던 거야."

랠프가 돌아섰다.

"오두막 짓는 일이 끝났으면 모두 끌고 가도 되는 일이었어. 그런데 사냥을 한답시고…"

"우리에겐 고기가 필요했어."

이 말과 동시에 피 묻은 창칼을 손에 늘고 잭은 벌떡 일어섰다. 두 소년은 얼굴을 마주보았다. 한쪽에는 사냥과 술책과 신나는 흥겨움과 솜씨의 멋있는 세계가 있었고, 다른 한쪽엔 동경과 좌절된 상식의 세계가 있었다.

다락원 명작노트 030

파리대왕

펴낸이 정규도
펴낸곳 (주)다락원

초판 1쇄 인쇄 2007년 1월 29일
초판 4쇄 발행 2022년 2월 7일

책임편집 안창열, 김지영
디자인 손혜정, 박은진
번역 장계성
삽화 손창복

다락원 경기도 파주시 문발로 211
내용문의: (02)736-2031
구입문의: (02)736-2031 내선 250~252
Fax: (02)732-2037
출판등록 1977년 9월 16일 제406-2008-000007호

Copyright © 2007, 다락원

값 8,500원

ISBN   978-89-5995-145-1 43740